あなたの講座が
勝手に売れる!

オンライン講座の教科書

先生業のための最強戦略

渋谷文武
FUMITAKE SHIBUYA

信長出版

はじめに

恥ずかしい話だが・・・私は今、ビビっている。

指が震えるのを必死で止め、心臓はバクバクしながら書いている。


本書を書き終え、今、最後にこの「はじめに」を書いているのだが・・・。

ビビっている理由は、私が受講料30万円の講座で教えている秘匿性の高いノウハウの数々を、躊躇せずに本書に書いてしまったからだ。


本書を読まれたら・・・、私の講座に来る必要はないと思われないだろうか。

そう考えてしまうほど、この1冊に、「売れるオンライン講座の成功の秘訣の全て」を書いてしまったのだ。

しかし、本編で書いているが、本書で秘訣を書き過ぎてしまったがために、「私の有料講座に来なくなるなんてことはないはずだ」と信じている自分もいる。

出し惜しみなくノウハウを出せば出すほど、有料講座が売れる。
私が15年以上やってきて実感している講座ビジネスの成功法則である。

それなのに、いざ書き終えてみると、正直不安でたまらない。
この期《ご》に及んで、自分でも呆れるくらいの小心者だ。

ふぅ・・・。

でも私の決断は変わらない。
この超有料の講座のノウハウを出し惜しみせずに本書に書いて、そして世に出すと決めた。

もうリアルセミナーには戻れない

なぜ、私はそこまでして、本書を書いたのか。

それだけの衝撃的な体験をしたからだ。


２０２０年３月。新型コロナショックで私の人生は激変した。


私はこれまで15年もの間、一貫して講座ビジネスを行ってきた。

１０００人以上の受講者が来場する大型イベントも何度も開催してきた。集客活動と当日の運営は、今、思い出すだけでも吐き気がするほどシンドかった。


開催日まで連日多忙で睡眠時間は2～3時間が1カ月以上続く。

常に、集客が予定通りにいかない。

だから、その短い睡眠時間でさえ、「他に手はないか」「もし受講者が集まらなかったらどうしよう」という極度の不安に襲われて寝つけないことが多かった。

そして開催前日は徹夜。休憩時間なんてない。そんな状態だから、イベントの翌日は心身ともに灰になったかのようにボロボロになっていた。その後数日間、鬱《うつ》の状態が続いたこともある。

それでも何度も開催してきたのは、そのシンドさが一瞬で吹き飛ぶほど開催当日の会場は盛り上がり、登壇したときの快感、受講者とゲスト登壇講師からの大量の感謝の言葉が忘れられないからだ。

もう麻薬である。

そして、この15年間、私は多くの講座も開講してきた。

学生向けの就活講座では、毎週３００席を満席にした。北海道でナンバーワン就活講師と呼ばれたこともある。

就活講座とは別に、11の大学で就活やキャリア教育をテーマに、１日３コマの講義を行っていた。

さらに、企業からも採用セミナー、社員研修の依頼を受けていた。ありがたいことに大学、専門学校、企業から引っ張りだこだった。

やがて、私は講師向けの講座を開催することにした。

「カリスマ講師養成講座」である。

この講座には、これからセミナー講師になりたい方から、すでに予備校、企業研修、大学、セミナーで活躍している講師や士業、コーチ、コンサルタントとして第一線で活躍している方々まで幅広く受講してくれた。

なかにはベストセラー作家、アナウンサー、著名コンサルタント、カリスマ経営者もいた。

おかげさまで、学生、大学、企業、講師、エグゼクティブ・・・と、私は受講者ターゲットを変えながら、大型イベントもゼロベースで集客し、リピートや紹介を多数いただくほどの人気講座を開催してこられた。

このときの講座比率は9割がリアルの講座で、残り1割がオンライン講座・オンライン教材であった。

常に引っ張りだことという意味では、本当にありがたいことだし、感謝しかない。

心と体はボロボロだった

しかし、その反面、私の心身は常にボロボロだった。

10年間、「年休2日」の状態が続くほど、忙しかった。

休日が取れるのは元日と1月2日だけ。その2日間も完全休暇ではなく、メルマガや本を書いたり、大型イベントの準備をしていた。

睡眠時間は平均5時間を切っていたし、いつも駆け足で大学や企業間を移動していた。

終わりのないマラソンをずっと走り続けている。

今思い返すとそんな感覚だった。


朝は4～5時起き。早朝はアイデアを練ったり、執筆したり、パワーポイントなどで講義資料づくりの時間だ。

日中はコンサルやセミナー、研修、大学での講義などが入っていて、夜も講座がある。その講座の前、移動時間などでちょっとだけ隙間時間ができる。

ふっと休憩できるタイミングがあるのだが、実はいつもこのときが辛かった。

「ラストの講座がキツイ・・・」「あと3時間か・・・体持つかな」と。

時には、限界を感じ、気絶するかのように床に倒れ込んで15分だけ仮眠をとったこともある。

「好きで始めた先生業なのに・・・、俺はいったい、なんでこんなに働いてるんだ？」

極度の疲労と吐き気とともに、私は常に自問自答していた。

そんな人生の転換点となったのが、２０２０年3月のコロナショックだった。

リアル講座は開催できなくなり、私は直ちに自分の会社の事業の全てをオンライン講座に切り替えた。

試行錯誤を繰り返しながらも、完全オンライン講座化にしたことで、私の15年間の経験を超越するほどの強烈な成功体験を得ることができたのだ。

移動や会場での準備・撤収時間はゼロになった。

12時間以上働くのが当たり前だった私の講座ビジネスに費やす時間が、1日1・5時間ほどになった。

常に追い詰められていた私が、のんびりと温泉につかる時間を持てるようになった。

講座開催のコストは限りなくゼロに近づき、お金に悩まされることがなくなった。

気がかりだった受講者の学習効果・満足度は、リアルからオンライン講座にシフトすることでむしろ上がった。

詳しくは本編に譲るが、とにかく人生最大の変化が、ある日突然やってきたのだ。

信じられない。

今でも、この劇的な変化と今の幸せな状況に、「これは夢ではないか」と頬をつねりたくなる。

幸せすぎる。
この、せっかく得た幸せになる方法を1人でも多くの人に教えたい。
その想いから、超有料級の内容を惜しげもなく本書に突っ込んだのだ。

4つの武器を手に入れて、人生を激変させせよう

ここで1つ断っておこう。
この本を、「私はすごい人間だ」と思ってほしくて書いたのではない。
逆である。
「私にもできたのだから、あなたにもできる」と言いたくて書いたのだ。
でなければ、こんな私の汚点とも言える恥部を公共の場でさらけ出さない。
同じようにやれば、あなたもオンライン講座で人生が変えられる。
それを言いたくて書いたのだ。

もちろん、誰でも簡単にできるわけではない。それなりの努力は必要だ。

しかし、諦めずに本書に書かれたことを実行していけば、あなたも以下の４つを手にすることができるだろう。

1．収入アップ

これからオンライン講座を始める人は、本書に則って形にしていけば、初心者でも毎月10万円の収入アップは目指せる。

講師経験者であれば、毎月１００万円以上も可能だ。さらに上を目指す者には、青天井で収入を増やせるのがオンライン講座の良いところである。

2．自由が増える

オンライン講座は働く場所を選ばない。田舎でも、都心でも、リゾート地でも、どこででもできる。インターネットさえつながっている環境であれば。

もちろん、決まった時間に出勤することからも解放される。

3. 時間が増える

オンライン講座はリアル講座より確実に効率化できるので、働く時間が激減する。その空いた時間に好きなことができるのだ。

もっと人生を楽しんでいい。趣味、旅行、新たな挑戦、勉強・・・時間があったらやってみたいと思っていたことを、これからはジャンジャンやればいい。

4. 影響力が増す

以前なら、影響力を持つには本を出版したり、メディアに出演する必要があった。

しかし、今やYouTubeやSNSで影響力を持つことができる。多数のフォロワーを抱えるインフルエンサーになれるのだ。

フォロワーは必ずしも数だけが重要ではない。質のほうが大事なことも多い。

あなたがある分野の専門家として、一定の受講者から強い支持を得ている。これも大きな影響力である。

本書を読めば、あなたも、この４つを手にすることができる。
その鍵となるのが、売れるオンライン講座である。

あなたのために、私の知識の全てを捧げる覚悟で、解説している。
あなたも準備はいいだろうか？

それでは、人生を激変させる扉を開けよう・・・。

目次

第2章 売れる講座コンセプトのつくり方

第3章　オンライン講座のつくり方

第4章 受講者を自動で集めるオンライン集客術

第5章 講座が勝手に売れる自動販売法

第1章

一緒にオンライン講座を始めよう

オンライン化であなたの人生が激変する！

すごい時代になった。
誰でも講師をやってお金が手に入る時代になったのだ。

仕事でも、プライベートでも、常に人は問題を抱え、悩み続けている。「時間がない」「体重が増えた」「周りから冷たい態度をとられる」「フォロワーが増えない」「売り上げが上がらない」「朝礼で何を話せばいいか」「眠れない」「月末の支払いは大丈夫だろうか」などなど・・・。

その悩みの中には、**あなたの知識や経験、得意なことで解決できる**ものがある。

あなたは、それを提供することで、喜ばれ、お金までもらえる。

提供方法は、ノウハウとして教えるだけの場合もあれば、相談にのってアドバイスをしたり、スキルを習得してもらうためにトレーニングをしたりする場合もある。

その提供方法によって、あなたの受け取る報酬も変わる。

これがオンライン講座だ。

これが今や簡単にできる。

まず、オンラインは教室がいらないため、コストがかからない。スマホかパソコンで簡単に始められる。特別な機材は不要だ。YouTubeやSNSを使って、簡単に集客もできる。

一昔前なら、どれも簡単ではなかった。

10年以上前なら、セミナールームを借りなければならなかったし、販売用の教材をつくる場合はカメラとマイクを用意し、録画データをＤＶＤにする必要があり、手間とコストがかかった。

集客も大変だった。本を出版して知名度を上げるか、講師に代わって集客してくれる講演・研修会社と組まないと受講者にリーチすることすらできなかった。

ところが、今は全て簡単にできる。

先生業はもちろんのこと、起業したい人、資産をつくりたい人、YouTuber はオンライン講座を始めたほうがいい。

初期投資もコストもほとんどかからない。教えられる内容をオンラインで教材化してしまえば、自分が働かなくても、教材が売れるたびにお金をもたらしてくれる。

毎日YouTubeに投稿しているビジネス系YouTuberも、広告収入だけで食べていこうとするとものすごくハードルが高くなる。

YouTubeの収益化はチャンネル登録者1000人と総再生4000時間の壁があり、時間がかかるし、それなりに広告収入が入ってくるチャンネル規模になったとしても、報酬単価は都度変わるので収入は不安定だ。

しかし、オンライン講座を構築すれば、ファンになったチャンネル登録者が講座の申し込みをしてくれて、より安定的にかつ高収益を得ることができる。

オンライン講座をつくると、

1. 初期投資がかからず・・・、
2. 自分の知識や経験や得意なことを商品にでき・・・、
3. 自分が働かない時間にもお金がもたらされ・・・、
4. 専門家として自分が確立されていき・・・、
5. フォロワーまで増える。

これほどリスクが少なく、自分の価値を高めてくれて、お金をもたらしてくれるビジネスはあるだろうか？

一人ビジネスをしたい人、情報発信が好きな人、教えるのが好きな人にとっては最高のビジネスである。

利益が2倍に増える4つの理由

リアル講座を開催している先生にとって、オンライン講座の魅力はコストが激減して利益が劇的に上がることだ。

私自身、リアルセミナーを開催していたころに比べ、**利益が2倍以上に増えた**。

利益が2倍になった理由は以下の4つからだ。

人件費のカット

リアルセミナーの場合、受講者数が10名を超えると講師1人での運営は困難になる。来場者の受付や対応するスタッフが最低でも1人、受講者数に応じてもっと必要になることも多い。

ところが、オンラインの場合は受付不要。事前にZoomリンクを送るだけで、あとは講師1人でできる。受付スタッフの手配や人件費に頭を悩ますことはない。

会場代のカット

リアル講座の場合はセミナー会場が必要だ。場所にもよるが、会場費は地方の貸し会議室なら1日あたり数千円から、都心のお洒落な会場では1日あたり10万円ほどかかる。さらに会場までの交通費もバカにならない。

一方、オンラインの場合はこの会場費が一切かからず、通信費とごくわずかなZoomの会費のみでできてしまう。セミナーの開催数や開催人数が多いほどこのコスト減は大きい。

遠方の人も参加できるようになり、受講者増！

オンライン講座はコストがかからないだけでなく、受講者も増える。

リアル講座だと、受講者はどうしても会場エリア近くの人になる。東京で開催すれば、関東圏在住の受講者が大半を占める。地方在住者が受講するのは難しい。もちろん地方から来てくれる人もいるが、地元で開催するときよりもはるかに少なくなる。

しかし、オンラインの場合はネットがつながればどこからでも受講できる。どこに住んでいようが関係ない。地方どころか海外からでも受講ができる。そのため、リアルのときよりも受講者が増えやすい。

私だけではない。現実に多くのセミナー講師がオンライン開催にしたことで以前よりも受講者が増えている。

日程が合わない人も申し込む

これはセミナーではなく教材に限ったことだが、セミナー開催後、後日収録した動画を教材として販売し、購入者はいつでも受講できるようにしておくと、さらに収入はアップする。

セミナーの欠点は開催日が決まっていること。すでに予定が入っている人は受講できない。しかし、教材なら話は変わる。日程に縛られず、好きなときに何度も受講できるため、忙しい人、時間の合わない人も受講しやすく、結果的に受講者が増えるのだ。

オンラインにすることで、セミナーでかかるコストは限りなくゼロに近づき、一方で受講者数は増える。受講者数が増えるということは、受講料＝売り上げが増えるため、開催規模にもよるが利益が増大するのだ。

本業の売り上げもアップする

たとえば、税理士、社会保険労務士、弁護士やコンサルタント、コーチの場合、顧問契約や個人セッションがメインの売り上げとなることが多い。

しかし、クライアントからしたら、いきなり顧問契約や個人セッションの契約はハードルが高い。

「数多くいるコンサルタントの中で、本当にこの先生で大丈夫なのか。コンサル料もバカにならないし、顧問契約を結ぶなら長いお付き合いになる・・・」

と、契約前に躊躇するクライアントは少なくないだろう。

ところが、オンライン講座を用意しておくことでこのハードルはグッと下がる。

見込み客の悩みを解決する方法を、あらかじめ教材やオンラインセミナーで提供するのだ。

前述のとおり、オンラインであれば、人件費や会場費などのコストはほとんどかからない。オンライン講座なら格安で提供できる。

手軽な金額で、手軽に学べるオンライン講座を用意しておけば、全国から見込み客が集まってくる。

オンライン受講後であれば、**クライアントはあなたの能力や雰囲気も理解し、安心して本業である顧問契約や個人セッション料を払うようになる。**

だから、本業の売り上げも上がる。

オンライン講座はあなたの手間をさほど増やさずに新しい売り上げをもたらすのと同時に、本業の顧問契約や個人セッションの契約をする見込み客を集めてくれるのだ。

講師の依頼が増える

さらに講師にとって朗報がある。

「教えるのが好き！」で講演や研修の依頼を受けようとしても、以前なら本を出版していたり、メディアに出ている著名人か、研修会社に講師登録している人以外にはなかなか講演依頼、研修依頼は来なかった。

ところが今や、オンライン講座をはじめ、YouTubeでも情報発信し認知されてくると、**講演依頼や研修依頼が勝手に舞い込んでくるようになる**。あるコミュニケーション講師はYouTubeで自分の講座を配信したところ、地方の大学から講演依頼が来るようになった。

また、あるコンサルタントはZoomの導入講座を始めたところ、今まで見向きもしなかった法人から、急に講演依頼や研修・コンサル依頼が来るようになった。

オンライン講座を始めると、ある分野の専門家として認知されるようになる。その講座を知った講演・研修の担当者から連絡が来るようになるというのは珍しくない。

結果、オンライン講座だけでなく、外部での講師登壇、コンサル収入も増えるようになるのだ。

コロナなどの社会情勢に影響を受けない

２０２０年３月、世界は震撼した。

新型コロナの流行だ。


たくさんのリアルのセミナー・研修は開催の中止に追い込まれた。

２０２０年３〜５月。本来なら多数入っていた新入社員研修も軒並みキャンセルとなり、例年なら稼ぎ時なのに収入がゼロになったという講師も少なくない。

外出自粛、緊急事態宣言、業種によって時短営業・・・。社会情勢に応じて、それまである程度安定して入ってきた収入が激減したり、不安定になった。

このような状況は今後も起きる可能性がある。

パンデミック、震災・・・。いやいや社会情勢だけではない。

親の介護問題や自分が病気になって働けなくなるといった、個人の問題だって原因になり得る。リアルだけで講師、コンサル業をやっている先生は常に収入がゼロになるリスクを伴っている。


しかし、オンライン講座となると話は変わる。

パンデミックで外出禁止になっても、オンラインでセミナーは開催できるし、教材をつくっておけば、自分が働かなくても勝手に教材が売れ、受講者はその教材を学び喜んでくれる状態がつくれるのだ。


事実、私の場合、２０２０年の３~５月は事業年度の中で最高売り上げを更新した。

そして、コロナ禍の最中だけではない。新型コロナが終息し、リアルでのセミナー開催が可能になった場合もオンライン講座をやっている人は強い。オンライン講座でより認知度を高められるのだから、リアルセミナーを開催しても受講者は増える。

地方の人や忙しい人に対してはオンライン開催、リアルで学びたい人にはリアル開催と、ハイブリッドな開催だってできる。

当然、そのときのあなたの収入は最大化する。

オンライン講座はいざというとき、社会情勢や個人の生活環境の変化（むしろ、こちらのほうが起きる可能性が高い）にかかわらず安定した収入をもたらしてくれるし、ポストコロナ時代におけるリアルセミナーとのハイブリッド開催でさらなる収入アップが見込めるはずだ。

仕事が12時間から5時間以下に！

オンライン講座を始めると、生産性が最大化し、自由な時間が劇的に増えるようになる。

リアルセミナー中心のころの私は忙しすぎて、心身ともにズタボロだった。大学の講義、自社主催のセミナー、企業研修、個別コンサル、プロデュース案件が重なり、文字どおり忙殺されていた。

年休2日。

「週休」2日ではない。「年休」である。つまり、1年で正月と1月2日だけしか自分の休みはなかった。

休みの日以外の平均労働時間は1日あたり12時間以上。睡眠時間は常に5時間以下だった。これが雇われ社員なら、ブラック中のブラックの職場環境だ。自業自得である。今でもため息が出てくる。

30代のころはそれが問題だとは思っていなかった。しかし、40代になってから、とたんにこの働き方が苦痛になった。体力が続かない。セミナーも後半になると、だんだんとろれつが回らなくなる。気が狂いそうな忙しさと睡眠不足で私の身も心もボロボロだった。

ところが、コロナショックで私の人生の全てが好転した。

リアルセミナーやイベントを一切中止にした。

そして、全てをオンライン講座化した。

その結果、どうなったか？

1日12時間以上だった労働時間が5時間以下に減った。しかも、この5時間のうち、自分のオンライン講座にかかわる仕事は1日あたり1・5時間程度。ここまで講座ビジネスの労働時間を圧縮できたのだ。

そして、余裕のできた時間で私は自分が「好きだ」と思えるプロデュース案件だけを引き受けるようになった。そのプロデュース案件に1日3時間ほど携わっているので、講座ビジネス1・5時間と合わせて、今、私の1日あたりの平均労働時間は5時間弱となっている。

おかげで現在の睡眠時間は1日あたり8時間。ぐっすり眠れるようになった。毎日1・5時間の筋トレと有酸素運動を欠かさずやるようにもなった。

読書、映画、温泉めぐりなど好きなことを自由に好きなだけできるようになった。

ほんの1年前までの忙殺された日々がうそのようだ。

ではなぜ、オンライン講座を始めるとここまで時間ができるのか？

理由は簡単。オンラインなら、一度やった仕事を繰り返しやる必要がなくなるからだ。

集客のために働く時間の減少

オンラインだと自動で集客できる。たとえば、YouTubeにノウハウを一度アップしさえすれば、YouTubeが勝手に情報を拡散し、僕の存在は広く認知され、見込み客は勝手に集まるようになる。

オンラインならコラボ対談も簡単にできるので、コラボ相手と自分と双方のファンにアプローチができ、そこから新規見込み客を増やすことだってできる。この対談もYouTubeにアップしておけば、集客の窓口になる。

詳細は第4章に譲るが、非常に効率よく集客ができるのだ。

同じ講義を繰り返す必要がなくなる

講演、セミナー、研修・・・。同じテーマの講座を、受講者を変えてやる場合、講師は毎回同じ講義をしなければならない。

同じテーマを、人を変え、場所を変え、何度もやるのが好きな人には問題ないが、私のように繰り返し同じ講義をすることを時間の無駄と考えるタイプは、その時間を別の時間に使いたいと思うようになる。


オンライン講座ならこれが簡単にできる。

セミナー、研修、コンサルで冒頭に毎回同じ解説をするのであれば、それをあらかじめ教材にしておけばいい。そして、その教材を先に受講してもらってから、セミナー、研修、コンサルに臨んでもらう。
これだけでも自由な時間はグッと増える。

さらに毎回同じ講座を多くの受講者に学んでもらうのであれば、1度目のオンラインセミナーや研修を録画しておけばいい。その録画したものを、無駄な部分を編集でカットすれば、立派な教材になる。そうすれば、もう2度目の同じZoomセミナーをやる必要はない。新たな受講者には、その教材を受講してもらえばいい。

そして、受講者がどうしてもわからないところやスキルとして身につけたいところだけをZoomでワークしたり、公開コンサルすれば、毎回8時間開催していた研修だって3時間以下に減らせる。それでいながら学習効果は8時間開催のころよりも高いのだ。

説明会の開催時間をゼロに

講座やコンサルを販売する際に説明会を開催することがある。

有料講座の受講検討者を1～5時間程度の説明会（相談会）に呼ぶ。そして、そこで講座の一部を体験させたり、最初に必要な知識を提供する。そこで信頼関係を構築して最後に有料講座の説明をし、販売する。

意外とこの説明会に費やす時間やコストがバカにならない。

有料講座に多くの受講者を集める場合、月に15回ほど説明会を開催する講師もいる。1回あたりの説明会が3時間だとして、それが15回もあったら、毎月45時間もの時間を消耗することになる。

しかし、オンラインの場合、必ずしも説明会を開催しなくても講座やコンサルを販売することはできる。たとえば、あらかじめセールス動画（第5章参照）をつくっておき、有料講座の受講検討者に、自動配信する。

動画のシナリオがしっかりしていれば、それでもオンライン講座は売れる。

または1度だけZoomやYouTubeライブで無料セミナー（説明会）をやる。

そして、その内容をそのままアーカイブ（動画）として残しておいて、その後の有料講座受講検討者に、その動画を流すだけ。

これも動画のシナリオがしっかりしていれば、オンライン講座は売れる。

私の場合、これを徹底したところ、説明会を開催することはほぼなくなった。気が向いたとき以外、基本説明会開催はゼロ。

私も過去、多いときは説明会を月に10回以上やっていた。1回3時間だとして月30時間以上も費やしていたことになる。それが今では説明会登壇時間がゼロになった。その浮いた30時間分さらに自由を手に入れたのだ。

もちろん、説明会をなくしても、講座はバンバン売れている。

アドバイスや質疑応答をゼロに

講座をやっていると、受講者から同じような質問を多々受けることがある。別の受講者からも同じような質問が来るのなら、最初の受講者に回答したときに記録しておく。オンライン講座内で回答したのであれば、その回答した部分を教材として残しておく。

メールや受講者専用の質問掲示板で質問があったときも、テキスト文書で回答したのであれば、その回答文書を残しておく。

そして教材も文書も、受講者やクライアント専用のQ＆Aページをつくって載せておけば、以後似たような質問が来たら、わざわざ回答せずに、質問者をQ＆Aページに誘導すればいい。

そうすれば、毎回回答したりアドバイスしていた時間が全て自由になる。

以上のように、私はオンライン講座化した際に、一気に自動化、最適化を徹底した。

その結果、講座ビジネスで費やす時間は1日あたり、たった1・5時間にまでなったのだ。

温泉で仕事!?究極のワーケーション

さらにオンライン講座を始めると自由が増える。
自分のライフスタイルや価値観に合った働き方が可能になる。

たとえば、私の場合、温泉でのんびりするのが好きである。以前なら「講座のない日（休日）に温泉に行く」だったが、今では、「温泉でオンライン講座をやる」ことができる。温泉宿でネットさえつながれば、宿でZoomセミナーやコンサルが開催できる。温泉宿でオンライン教材を収録することも可能だ。

だから、私はたまに、講座のある日や教材を収録する日に気分転換に温泉宿に泊まる。その日は温泉宿にチェックインと同時に、まずは源泉掛け流しの露天風呂にゆっくりつかりリラックスをする。

温泉からあがったら夕食までの時間に講座のパワポ資料を作成したり、時にはパソコンで教材の収録をする。そして夕食になったら、ビールを頼み、宿自慢の夕食に舌鼓を打つ。

私は午後8時からZoomセミナーをやることが多いので、夕食後部屋でZoomセミナーをやり、セミナー終了後にまた露天風呂につかりにいく。

朝も、寝起きに温泉↓資料作成↓朝食↓教材収録↓散歩↓温泉↓ビールと夕食↓温泉・・・と私にとって理想的な1日を過ごす。

リゾート地や観光地でテレワークをするワーケーション（ワークとバケーションを組み合わせた造語）という言葉があるが、**オンライン講座なら、いとも簡単に自分の望むワーケーションができる**。

家賃安く、自然豊か！贅沢なライフスタイル

オンライン講座を始めることでのライフスタイルの変化は、ワーケーションにとどまらない。

ネットさえつながっていれば、講座もコンサルもどこでもできるのだから、もはや都心に住んでいる必要もなくなる。

私はしばらくの間、東京港区と、北海道札幌の二拠点で生活していた。しかし、コロナ後はリアルセミナーを開催することがなくなり、東京にいる必要がほぼなくなった。東京には1カ月に数日しか用がない。そのために家賃を払っているの

はもったいなく思い、東京のマンションは解約した。

東京に用があるときは、今ならAirbnbで安くて手軽に宿泊先を確保できるので、賃貸マンションを借りる必要すらなくなったのだ。

コロナ情勢が不透明ななか、余計なコストはなるべくかけないほうがいい。都心での生活にこだわりがなければ、家賃も安く、自然豊かな田舎に移住するのもいい。

私の場合、それが札幌である。札幌は地方都市なので田舎とは言えないかもしれないが、それでも東京都内の家賃の半額以下で住める。

徒歩圏に北海道神宮や登山できる山、大きな公園が多数ある。車で1時間も行けば源泉掛け流しの温泉がたくさんある。

自然豊かで空気も綺麗。

それでいながら自分がライフワークとしているセミナーやコンサルができる。最高だ。

仮にセミナー会場を借りる場合だって、札幌なら東京の3分の1以下の会場費で済む。

これがもっと田舎に行けば、さらに安くなる。とにかくネットさえつながっていればいいわけだから、海が好きな人は海の近くに住めばいいし、暖かいところが好きな人は沖縄に住めばいい。

それでも、オンライン講座なら、なんら問題なく先生業はできる。

子育て、ペットと過ごし講座開催

小さい子やペットがいる場合もオンライン講座なら安心である。

リアルセミナーや研修は会場に行く必要があるので、長時間の講座の場合、自宅の子どもやペットが心配になることもある。しかし、オンライン講座なら在宅でできるから、その不安を払拭できるし、講座の合間に育児やペットの世話までできる。

愛する子どもやペットと一緒にいながら、好きな「教える」仕事ができるのである。

受講者のためにオンラインで一所懸命講義をして、講座終了後疲れたら、子どもやペットに癒される。これも最高のライフスタイルだ。

いかがだろうか？

あなたの好きなライフスタイルを聞かせてほしい。

たいていの希望のライフスタイルが、オンライン講座を始めることで叶うはずだ。

第2章

売れる講座コンセプトのつくり方

その差10倍！売れる講座と売れない講座

オンライン講座をつくることは、あなたの人生に大きなプラスになる。

それがわかったところで、「渋谷さん、早速オンライン講座のつくり方を教えてくれ」と思うかもしれないが、ちょっと待ってほしい。

残念だが、いきなりオンライン講座をつくっても売れない。

オンライン講座はZoomを使ってセミナーやコンサルをしたり、教材を提供していく。しかし、いくらZoomの使い方を知っていようが、どれだけ素晴らしい教材をつくったとしようが、売れないものは売れない。

オンライン講座をつくれば、勝手に売れる。もしそう思ってしまったのなら、それは誤解である。
現実はそんなに甘くはない。

もちろん、このことはオンライン講座に限った話ではない。リアルのセミナーや研修も同じだ。**「あること」**を押さえていなければ、売れない。

「あ〜、やっぱり実績とか経験年数とか、知名度がないと売れないわけね」
と思うかもしれないが、それは関係ない。
では、売れるか売れないかの違いは何か？
それは、**「売れるコンセプトがあるか？」**である。
売れるコンセプトがあれば、同じ講座でも売れ行きが10倍は変わる。
これは15年以上講座ビジネスをやってきた私だからこそ言えることだ。

知識、講座内容そのものよりも、売れるコンセプトやキャッチコピーが入っているかどうかが重要だ。

売れる講座には、それがある。

売れない講座には、それがない。

本章では講座が売れるようになるために重要な、売れる講座コンセプトのつくり方を、あなたに伝授しよう。

「コンセプト」と聞くと、難しい仕事のイメージがするかもしれないが、大丈夫。本書では、先生業が最低限売れる講座をつくるための重要かつ簡単な部分に絞ってお話しする。

論より証拠。

まずは、売れるコンセプトのある講座とない講座では、どれほど違うのかを見てもらおう。

「これから本番をむかえる就活生のための面接対策講座」

就活生向けによくありがちな講座である。この面接講座は学生の集まりが悪かった。

そこで、ある大学から依頼されて、私は講座タイトルをこう変えた。

「面接で緊張しない3つの方法とは?
ゲーム感覚でトップ内定者のスキルを身につける面接講座」

その結果、どうなったか?
受講者数は6倍になった。

その後も同じように、売れるコンセプトを意識しながら、複数の面接講座を開催した。

「あなたを色に例えると、何ですか？（↑面接質問）最終面接完全攻略講座」

「競争率100倍以上の人気難関企業を通過する面接対策講座」

いずれも、**通常の面接対策講座の5倍以上を集客する人気講座となった**。

他にも、私は売れる講座を多数つくってきた。

他社の多くが、

「あなたもセミナー講師で活躍できる！セミナー講師養成講座」を開催しているなか、私は、

「一瞬で受講者を惹きつける　カリスマ講師養成講座」

他社の多くが、

「わかりやすく伝わるプレゼンができるプレゼン教室」を開催しているなか、私は、

「クイズ、ゲーム、映画・・・古今東西のエンターテイメントを融合した、エンタメプレゼン（R）マスター講座」

を企画し開催。

どれもが人気講座となり、私のメインビジネスとなった。

最近だと、２０２０年3月に、

「1カ月で50万円売り上げるYouTube×Zoomを構築するカリスマオンライン講師養成講座」

という講座を販売したが、この年、私の会社でもっとも売れた講座となった。

大切なことは、講座の中身よりも、まずは受講者がより参加したいと思う講座コンセプトをつくることである。

受講料10倍でも受講者増の秘密

それでは、あなたの講座が売れるためのポイントを順に解説していこう。

まずは、受講者ターゲット。

多くの先生業が、「受講者ターゲットはこの人」と無意識に決めてしまっていることが多い。

売れるコンセプトを考えるなら、**「本当にその受講者でいいのか？」とまずは疑うこと**から始める。

たとえば、アロマ講座で教えている先生がいた。彼女は主婦向けに受講料１５００円のアロマ講座を開催していた。

なぜ、主婦向けだったのか。それは自分も主婦だったから。アロマオイルについて興味のある人は女性や主婦に多いと思っていたこともあるかもしれない。

そこで、私はアロマをビジネス的に必要としている人にターゲットを変えるアドバイスをした。それこそ、私が普段教えている先生業を生業とする人たちをターゲットにしては、どうだろう？　と。

学習塾経営者であれば、教室でアロマを焚《た》くことによって、授業中の生徒の集中力を上げ、受験本番直前には体調を崩さないように免疫力を高めてあげることだってできる。

全国行脚している人気予備校講師の先生は、繁忙期に風邪をひいて休むわけにはいかない。そこで、喉に優しいアロマや免疫力を高めるアロマを提案する。執筆をする先生なら、集中力を高めたり、逆にリラックスしてインスピレーションが湧きやすくなるアロマを提案できる。

結果、主婦向け1500円のアロマ講座を、先生業向けなら10倍の15000円にしても、受講者は主婦向けのときよりも増えた。

このようにターゲット選定は非常に重要である。

つまり、常に同じ受講者に教えている先生は注意が必要ということだ。

20代女性↓女性起業家に変えてみる。
ビジネスパーソン↓経営者に変えてみる。
一般人↓企業のマーケティング、営業担当者に変えてみる。
年配者↓スポーツ選手に変えてみる。

もしかしたら、このように視野を広げてターゲットを変えてみたら、あなたの講座にもっと高い価値を感じて受講してくれる人がいるかもしれない。

また、**ターゲットを絞り込む**のも、1つの手だ。

たとえば、前述の私の売れた講座を例に見てみよう。

「あなたを色に例えると、何ですか？（↑面接質問）最終面接完全攻略講座」

これは、同じ就活生ターゲットでも、最終面接まで進んだ学生のみをターゲットとしているし、

「競争率100倍以上の人気難関企業を通過する面接対策講座」

これも、競争率の高い人気企業狙いの学生にターゲットを絞っている。

「ターゲットを絞ると、受講者は減るんじゃないの？」

と懸念して、絞らずにフワッとさせる人がいるが、これは逆である。

ターゲットを絞るから、かえって魅力的なコンセプトが生まれて、受講者が集まりやすくなるのだ。しかも、ターゲットを絞ることで、よりあなたの専門性が増して、仕事の依頼も来やすくなる。


婚活中の女性↓バツイチのアラフォー婚活女性。

経営者↓社員10人以下のプレイングマネジャーも兼務している経営者。

腰痛持ちの人↓腰痛だけど休載できない作家、漫画家。


このように、ターゲットをさらに絞り込むことで、より自分の講座の価値を高く感じてくれる人はいないか、探してみよう。

講座が売れない落とし穴とは？

ターゲット選定と同時に、講座コンセプトを考えるうえで重要なことを紹介しよう。

それは「落とし穴」だ。

先生業の経験がない人ほど、そして、同じ講座を教えている先生ほど、この落とし穴にはまる。その落とし穴とは、

「あなたの教えていることは受講者にとっての目的や目標ではない」

ということだ。

どういうことか。
あなたが、英語を教えているとする。その場合、受講者は英語を学ぶのが目的や目標ではない。たいていの場合、別の目的や目標があり、その手段として英語を学ぶのだ。

「外資系企業に就職する確率が上がる。だから、英語を学ぶ」

この場合、外資系企業に就職するのが目標で、英語を学ぶのはその手段にすぎない。このように、あなたが教えていることも、私が教えていることも、受講者にとっては単なるツールや手段にすぎないのだ。
そこに気がつかないと、自分の教えている英語のメソッドがいかに優れているかに意識が向いたアピールや講座タイトルになってしまう。

それこそが、最大の落とし穴である。

私はトニー・ブザンが開発したマインドマップというノート術を教えることがあるが、このマインドマップの講座をやる際も、「マインドマップ講座」を前面には出さない。なぜなら、マインドマップは受講者にとっては手段にすぎず、目標ではないからだ。

マインドマップは本1冊を1枚でまとめたり、講義シナリオを1枚にまとめたり、新しいアイデアを出したり、記憶を定着するのに優れたノート術だ。このときに、この優れたノート術の長所だけを言って、「マインドマップ講座」に誘導すると、それほど売れないだろう。

大事なことは、売れるコンセプトを加えること。

そのためには、マインドマップというツール・手段が、どのターゲットの、どんな目標達成に使えるのか。そこに焦点を当てる。

たとえば、資格試験の合格を目指す人を受講ターゲットにし、「分厚いテキストを1枚のノートにまとめて一発合格する勉強法」といった講座コンセプトで、講座内でマインドマップを教えることができる。

前述のように受講者ターゲットをさらに絞り込むことだってできる。「各科目の分厚いテキストを1枚のノートにまとめて中小企業診断士合格」のように。

受講者ターゲットを絞り何の資格試験かが決まっていれば、「（ ）年、（ ）カ月で合格」など期限を入れてもいい。

経営者ターゲットであれば、「経営者の目標は業績アップ。そのための新たな事業アイデアやビジョンを形にしたい」

などが見えてくる。

そのためのツールとしてマインドマップを教える。

そうなってくると、「経営者のためのマインドマップ講座」ではなく、「ポストコロナに10億円売り上げる新メイン事業構築講座」のようにして、その中でマインドマップを教え、マインドマップを使えばいい。

あなたの講座をもっと売れるようにするには、あなたの教えているもの（手段）を通じて、どんな目標を達成できるのか。それを意識し、その目標にフォーカスした講座コンセプトをつくることがポイントである。

以下、書き出してみよう。

手段：あなたの教えている内容：

受講者（ターゲット）：

受講者の目標（何を達成させたいのか）‥

今すぐ講座が売れる！4大テーマとは？

とは言っても、「受講者の目標なんてわからないよ」「受講者にとって魅力的な目標がわからないよ」と思うかもしれない。

そこで、ここでは「売れるテーマ」を紹介しよう。

売れるテーマとは、あなたが教えようとしている講座内容と組み合わせることで、グッと売れるコンセプトにしてくれるものだ。本書では代表的なものを紹介していこう。

売れるテーマ1・お金

受講者のお金に良い変化をもたらしてくれるイメージを与えてくれるテーマは、売れやすい。

「お金をテーマにする」とは、投資やファイナンシャルプランナーの講座をやれということではない。あくまでもあなたが教えられるコンテンツと、お金をつなげるという意味だ。

わかりやすいところで言うと、**個人向けなら「年収・月収・収入・報酬」、法人向けなら「売り上げ・利益・年商・月商・業績」**だ。あなたの講座を受講することで、これらがアップする可能性があると受講者が判断すれば、講座の申し込みは増える。

たとえば、「ビジネスパーソンのためのコミュニケーションテクニック」と、「年収1000万円を目指す人のためのコミュニケーションテクニック」ではだいぶ違う。同じコミュニケーション講座でも、後者は「年収」という要素が入っているため、売れやすくなる。

法人向けの場合も、「社会人に必要なマナー講座」と「入社3カ月で売り上げトップの接客員と同じ接客力を身につけるマナー講座」では、同じ新入社員研修のマナー講座でも売れ行きは大きく異なる。

「年収1000万円以上のエグゼクティブが実践している筋トレ」
「年商1・5倍を目指す経営者のためのインスピレーションを得る瞑想」
など、筋トレ、ヨガなど健康分野のものと合わせても売れやすくなる。

また、年収とか売り上げのように、必ずしもストレートな表現が良いとは限らない。

「受講者を毎月30名コンスタントに集客するセミナーのつくり方」

「3カ月先までキャンセル待ち、人気コーチのマーケティング講座」のように「30名集客」「3カ月キャンセル待ち」のようなキーワードも「お金」というテーマの「売り上げアップ」を間接的に表している。

「申し込み率が15％アップするコミュニケーション講座」

これも「申し込み率」という間接表現だが、本質は売り上げアップと同じ。講座が売れやすくなる。

他にも、お金のテーマなら、融資、金利などもある。

「2期連続赤字でも、銀行融資が受けられる財務講座」

のように、「融資」というテーマもお金である。

「融資枠を300万円上げる」「金利を1％下げる」など、講座名の冒頭に付けるだけでもだいぶ魅力的になる。

ポイント

お金に関するテーマを、あなたの提供する講座内容とつなげてみよう。

売れるテーマ2・時間

続いての売れるテーマは、時間である。

「時間が足りない」、「忙しい」と悩んでいる人も多い。その**時間に関する問題を解決する要素を入れる**と講座は売れる。

法人なら「生産性向上」も「時間」のテーマに入る。

「社長が1週間出社しなくても、売り上げが下がらないマネジメント講座」

これには、「社長が1週間出社しない＝社長の時間を1週間つくる」という意味が含まれている。そのため、同じマネジメント講座の中でも、時間をつくりたい社長には刺さりやすい。

「8時間の仕事を5時間で終えられる生産性向上研修」

8時間の仕事を5時間、つまり社員1人あたり3時間の時間を生み出せるため、残業時間のカット、休日の増加、はたまた新しく生まれた時間で新規事業の研究や立ち上げをしてもいい。

このように、**仕事時間をカットしたり、余暇の時間を増やすことができる**イメージがあると講座は売れやすくなる。

または、時間というコンセプトはこのような使い方もある。

「簿記2級の全体像を1時間で理解する講座」

まともに学んだら膨大な時間がかかりそうだと思われているものを、「○時間で学べる」、「理解できる」と表現することで、受講者も着手しやすくなる。

「3日間でマッサージの手技をマスターする」

短期集中でスキルを身につけたい受講者たちがいる。「とりあえず、3日の時間をつくれば習得できるんだな」と思うと、優先的にその時間をつくって学びに来てくれる。

「3カ月でオンラインビジネスを構築するプログラム」
1カ月とか3カ月とか、期限を決めて、実際に理解したり、スキルをマスターするだけでなく、ちゃんと形になるようにじっくりつくり上げていくものも売れやすい。

以上のように、この講座なら「これくらいの無駄な時間がカットできる」「新たな時間が生み出せる」「このくらいの時間を投資すれば手に入る」とイメージできると講座は売れやすくなる。

ポイント

時間と関連する最終目標と、あなたの提供する講座内容をつなげてみたり、受講者が習得、理解をするのに時短できる期間を設定してみよう

売れるテーマ３・人間関係

お金、時間と並んで売れるテーマとなるのが、人間関係だ。

我々は根源的な欲求として、**「人から愛されたい」「人とつながりたい」**と思っている。**その欲求をうまくコンセプトに取り入れること**ができれば、講座が売れやすくなる。

人から愛されたい

人間関係の要素で特に大きいのがこれである。

人は他人から大切にされたい、愛されたいという欲求がある。そのため、そのポイントを押さえたキーワードを入れると、売れやすくなる。わかりやすいものであれば、**愛される、嫌われない、信頼される、大切にされる、**といった言葉である。

「上司からの無茶振りを同僚が喜んで手伝ってくれる愛される仕事術」

「初対面のアポイントでも顧客から大切にされる営業術」

これらは、単なる仕事術や営業術の講座よりも売れやすくなる。


ただし、お金、時間と異なり、人間関係は抽象化しやすいので表現に注意が必要だ。お金や時間の事例を見てもらえるとわかるが、売れるテーマは数字を入れることで効果を発揮する。「年収1000万円」「3カ月で」というように。

ところが人間関係の場合、「愛されたい」「仲良くなりたい」というように表現が数値化されにくい。そこで数字を入れる場合もあるが、それ以外にも理想の状況をイメージしやすい具体的な言葉を加える必要がある。


「上司からの無茶振りを同僚が喜んで手伝ってくれる」＋「愛される」

「初対面のアポイントでも」＋「大切にされる」

というように。

そうすることで受講者の目的・目標と講座コンセプトがつながりやすくなる。

特別扱いされたい

他人から愛されたいことから派生して、人には「特別な存在として扱われたい」という欲求がある。「自分のことをすごい人間だと思われたい」「すごい人間になりたい」というように。

だから、その特別な存在としての**自分をイメージできる言葉**も売れる言葉となる。**インフルエンサー、ブランド人、フォロワー、人気、人脈**などが代表的だ。

「タレントや著名人と交友関係を築けるブランド人養成講座」

「フォロワー1万人以上のインフルエンサーになるための文章講座」

これは強力なコンセプトである。なぜなら、特別扱いされたいという「人間関係（欲求）」と、すごい人脈があったり、フォロワーがたくさんいれば、結果的に売り上げが上がる「お金」という2つのテーマが含まれているからである。私が主宰するカリスマ講師養成講座も、まさにここに入る。

自分との人間関係

意外と思われるかもしれないが、**自分自身との関係も人間関係**である。自分とのコミュニケーション、自己発見などだ。

「自分の価値を最大化する才能の見つけ方講座」
「本当の自分とつながる瞑想プログラム」
「本当の自分とは何か？」「自分の才能とは何か？」「自分の人生のミッションは何か」と自問自答する人は多い。

コミュニケーションは何も他人とだけではない。我々は自分自身とのコミュニケーションもときに強く求める。

どんなときに？

人生で迷っているとき、辛いことがあったとき、自分の可能性に絶望しているときに、だ。そういうときほど、自分との関係にフォーカスしたコンセプトの講座は売れやすくなる。

この辺は、スピリチュアル系の講座ともっとも相性の良い売れるテーマだ。

ポイント

他人から愛されたい、特別扱いされたい、自己の探究と、あなたの提供したい講座内容をつなげてみよう。

売れるテーマ4・美容、健康

美しく（かっこよく）見られたい、モテたい、若く見られたい、健康でいたい（病気になりたくない）、元気でいたい（疲れにくい体を手に入れたい）といった欲求は誰しもある。特に年齢を重ねるにつれて欲求が強くなる。だから、ダイエットも筋トレもアンチエージングもブームになっている。

モテるためなら、我々は努力ができる。

美しくなるためだったら、小顔矯正の施術が痛くて悲鳴をあげたくても女性は最後まで頑張れる。

かっこいい筋肉を手に入れるためなら、ハードなトレーニングも、食事制限も頑張れる。

仕事で活躍しているハードワーカーは、常に健康や疲労の問題が意識にある。だから、それをキーワードに入れることで、講座が売れやすくなる。たとえば先生業にフォーカスして、こんなコンセプトで講座を開催してもいい。

「8時間立ちっぱなしで講義をしても疲れない体と美しい立ち姿勢を手に入れるボディメイク講座」

ターゲットを先生業に絞り、「疲れない」と「美」を売りにすることで、ダイエットとは別の**新しい市場が生まれる**。同業者が未開拓のエリアのため、パーソナルトレーナー、ヨガインストラクター、整体師にとって大きなチャンスがあるだろう。

もちろん、先生業だけではない。本書で紹介している売れるテーマを突き詰めていけば、このような売れるコンセプトは次々と生まれるだろう。

「10歳若く見られる！　パーソナルカラーブランディング講座」

カラーコーディネーターやイメージコンサルタントであれば、「10歳若返る」

というアンチエイジングにフォーカスしたブランディング講座もありだ。

他にも、受講者ターゲットは誰か、そして受講者の目的のどこにフォーカスするかで、売れるコンセプトは多数つくれる。

ポイント

「美しくなりたい」「疲れない」「病気にならない」と、あなたの提供したい講座内容をつなげてみよう

売れる共通点は人間の本能的欲求

以上、本書では代表的な売れるテーマ4つに触れたが、それ以外にも売れるテーマはある。それを探れるようになるために、売れるテーマかどうかの見極め方を紹介しておこう。

本質的には、**売れるテーマとは人間の本能に根ざしたもの**である。

人間の究極の本能とは「命」である。だから、命に強く関係すればするほど、欲求は強くなり、売れるテーマになりやすい。

これまで触れてきた4大テーマで見てみよう。

「お金」は命に直結する

「お金がなければ生活できない」と思っている人は多い。借金苦で自殺したり、お金でもめて殺傷事件が起きたりもする。

会社もお金がなくなると倒産する。倒産は会社としての死であり、同時にそこで働く従業員の生活が脅かされる。

「時間」はまさに命そのもの。寿命は時間で測られる

80歳で亡くなった方の人生は80年という時間そのものである。

時間を生み出すというのは、まさに命を生み出すのと同じである。

「人間関係」も命に直結している

人間は一人で生きていくことは難しい。他の人間との社会的関係の中で生きていられる。自分が存在していないかのように周りから無視されたり、愛を受け取ることができなければ、生きることは難しいし、他人からの助けなくして、生活

するのも困難である。

「美容・健康」も、命と直結している

体力がある、エネルギッシュである、という状態であれば生をより楽しむことができる。病気になると、それが重ければ重いほど死を実感するようになる。

また、異性からモテることはSEX（子孫繁栄という命の本能）と関係するし、美しく見られて尊敬されたいという欲求は人間関係における「特別に扱われたい」という願望につながっている。

このように、全ての売れるテーマは「命」、そして人間の本能と直結している。

本書では割愛するが、たとえば「性」に関することも「命＝人間の本能的欲求」に直結しているから強烈に売れるコンセプトとなる。

はっきり言って性に関する悩み、SEX、エロ、どれも強烈に売れるコンセプ

トとなる。ただし、公にはタブー視されやすいテーマなので、法人研修や教育テーマには使いづらい側面がある。

いずれにせよ、前述の4大テーマ以外にも売れるテーマはある。テーマを探す際には命＝本能に着目し考えてみよう。

期間限定、タイミングで売れるテーマ

これまで見てきたように、お金、時間、人間関係、美容・健康など本能に直結する要素を加えると売れるテーマになりやすい。

しかし、そんなテーマを一瞬で弾き飛ばしてしまうほどの売れるテーマが存在する。それは緊急性の高い問題が生まれたときだ。特に**社会情勢に大きく影響する問題**ほど、最優先で売れるテーマとなる。

たとえば、２０２０年４月、新型コロナで初の緊急事態宣言が出た。外出自粛でステイホームを強いられたとき、その状況をビジネスチャンスに変える講座は売れた。

私の主宰する、カリスマオンライン講師養成講座（講座を完全オンライン化し、自動集客、販売できる仕組みをつくりあげる講座）も売れに売れた。

新型コロナ対策で持続化給付金、日本政策金融公庫の新型コロナウイルス感染症特別貸付、セーフティネット４号融資に関連する講座やコンサルティングサービスも売れていた。

助成金、補助金などが新たに打ち出された対策も売れるテーマとなる。しかも、話題を集めたものであればあるほど、それに関連する講座は売れる。

個人情報保護法などが法制化されたときの対策講座も売れやすくなる。

これらは、ある一時だけ爆発的に売れやすくなるテーマだ。ずっと売れ続けるわけではない。だから、そういう講座はつくるときはタイミングを逃さないことが重要だ。

教えられることとテーマをつなげよう

売れるテーマを決めたら、あなたが教えられることとつなげてみよう。

まずは、受講者ターゲットを決め、そのターゲットが興味を持ちそうなものを売れるテーマの中から選ぶ。

選んだら、ターゲットがイメージしやすいように「年収100万円アップ」「100時間増える」など数字で表現したり、「初対面のアポでも大切にされる」のような具体的な状況表現をしてみる。

そして、タイトルの後半には、あなたの提供する講座内容（ツール・手段）を加える。

たとえば、こんな感じである。

●キャリアコンサルタントの場合
「年収100万円アップのキャリアパス」
受講者ターゲット：年収アップを目指す20代後半ビジネスパーソン
（売れるテーマ：お金×あなたの教えられること：キャリア教育）

●マネジメント研修講師の場合
「社長の自由な時間が100時間増えるマネジメント講座」
受講者ターゲット：経営者
（売れるテーマ：時間×あなたの教えられること：マネジメント）

●コーチの場合
「年商1・5倍を目指す社長のためのコーチング」
受講者ターゲット：経営者
（売れるテーマ：年商×あなたのできること：コーチング）

慣れるまでは難しく感じるかもしれないが、最初はパズルの組み合わせのように気軽につくって練習してみるといい。

そして、**「受講者から見て魅力的に見えるか」という視点で改めてチェックする**。

自分だけではわかりにくいので、受講者ターゲットとなる複数人に「こんな講座があったら、受けてみたいですか?」とアンケートをとってみる。そしてターゲットの反応がイマイチだったら、つくり直す。

この試行と改善の繰り返しで売れるコンセプトの精度を上げていく。

この過程を踏むだけで、あなたの講座は劇的に売れやすくなるだろう。

第3章

オンライン講座のつくり方

講座が売れても不幸になる先生がいる!?

売れるコンセプトが決まったら、いよいよオンライン講座をつくろう。

正直言って、受講者を増やし売り上げを上げるという点だけに着目するならば、本章のノウハウは一見、不要に思うかもしれない。

売れるコンセプトがあり、集客（第4章）と販売（第5章）がしっかりしていれば、講座は売れるからだ。そのため、本章の部分はあまり力を入れないで講座を開催している先生もいる。

しかし、私は本章の部分を磨くことを強くすすめる。なぜなら、**売ることに力**

を入れすぎて、講座の中身が薄い、微妙な講座を私はこれまで何度も見てきたからだ。

それでも、確かに売る力があれば、売れる。高額でも売れる。しかし、それは長続きしない。集客、販売、コンセプトがしっかりしていれば、短期的には売れるが、一過性のもので終わる。

最悪の場合、「この先生の講座は二度と受講しないし、みんなもやめたほうがいい」と悪評が立つ。たまにそんな講師を見かけるが、本書を読んでくれているあなたには絶対にそうなってほしくない。

一方で、講座の中身がよければ、受講者の学習効果も、受講者の満足度も上がる。

受講者が喜んでくれて、成長し、成果を出してくれる。

そして、「先生のおかげで」とか「この講座を受けてよかった」と感謝してくれる。

これこそが先生冥利につきる。

それに満足度が上がれば、次に講座を開催する際にもリピートしてくれる確率が上がるし、他の受講者を紹介してくれることも多い。それこそ**受講者ファースト**で講座をつくらない限り、誰の幸せにも得にもならない。

あなたのオンライン講座も長くは続かない。

だからこそ、講座内容自体に徹底して力を入れる必要がある。

人気講師になる4つのポイント

オンラインで人気講師になるために意識したいことは4つである。

1．受講者の目指す目標に向けて必要な知識を提供する

あなたの教えていることは、受講者にとっては手段。

受講者は自分の目的・目標のためにこの講座を受講している。

だから、あなたは「私の講座コンテンツを通じて、受講者の◯◯という目的・目標を達成するために、講座で何を教えるべきか」を常に自問自答する必要がある。

あなたがキャリアコンサルタントで「受講者の年収100万円アップ」を目指しているなら、100万円アップに寄与する知識やスキルを書き出し、まとめる必要がある。そして、それに必要なキャリア教育のノウハウだけを組み込んでいく。

そうすると、講座の内容と受講者が求めていることに乖離《かいり》がなくなる。

講座の知識が薄いのも問題だが、講座の知識が多すぎても問題である。知識が多すぎると、何から手をつけたらいいのか、受講者は混乱し動けなくなるからだ。

先生たるもの、ついたくさんのことを教えたくなる人も多いが、あくまでも受講者の目標に必要な知識だけを厳選して提供することもポイントである。

2. すぐに使える実践的なノウハウを中心にする

受講者の目標達成に必要な知識、スキルだけをまとめたら、次はそのノウハウに肉付けをしていく。ただ理論的かつ体系的に解説されても、受講者はそのノウハウを使えない。

実践的な解説が必要である。実践的とは、**「今すぐ実行に移せて効果のあるもの」**だ。

私は、大学や専門学校の先生向けに「学生を惹きつける講義の方法」について講演することがある。そこでは「学生を惹きつけるとは何か？」とか「そもそもどうしたら惹きつけられるのか？」といった話よりも、「通年の講義では、講義の冒頭に前回の講義で教えたことを、○×クイズにして当てさせる」といった話のほうが好まれる。

まさに後者が実践的な内容である。早速先生たちは明日の講義からすぐに使える。

もちろん、資格試験対策講座など体系的にその科目を教えなければならないこともあるが、その場合も受講者がイメージしやすい例え話をたくさん入れて、わかりやすくすることがポイントである。

3. 知識を使いこなせるようにするための理解度チェックやワークを怠らない

一度講座で教えただけでは、先生が思っているほど簡単に受講者は理解したり、スキルが身につくわけではない。もちろん、知識も定着しない。そこで、受講者がより目標に近づくために理解度チェックやワークの時間を入れると効果的である。

理解度チェックは、定期的にクイズ形式のテストをやったり、実際に書き出しの課題を提出してもらう。Zoomでセミナーをするのであれば、セミナー中にチャットに書き込んでもらうのでもいい。

第2章の「売れるテーマと自分の教えられることをつなげる」を、仮に私がZoomセミナーであなたに教えるのであれば、「お金——年収、年商と、あなたの教えられることをつなげて、魅力的なフレーズをつくって、Zoomのチャットに書き込んでください」と書き込ませる。

そして受講者が書き込んだものを先生がその場で添削したり、アドバイスする。こういうことを繰り返しながら、受講者が着実に理解し、スキルとして使えるようにしていく。

4.「楽しくてあっという間！」という展開にする

講座の中には「退屈だった」「最後まで動画教材を見るのが苦痛でやめた」「Zoomセミナーが長く感じた」と受講者が苦痛に感じた感想を述べるものもある。

一方で、「え、もう終わりなの!?　楽しくてあっという間でした！　時間が短く感じるほど楽しくて学びが濃かった」と言われる講座もある。

その違いは何か？

それは**先生の話し方、講義展開による差**である。

どんなに素晴らしい知識、技術だったとしても、「講座が苦痛、退屈」と感じられては、受講者は学ばなくなる。そして、その先生の講座にはリピートしなくなってしまう。それを防ぐには、「楽しくてあっという間！」と感じてくれる話し方、盛り上げる講義術が必要だ。順を追って解説していこう。

受講者を惹きつける話し方とは？

まず、大事なのは受講者を惹きつける話し方である。
売れるオンライン講座、必須のスキルである。

オンライン講座の教材、Zoomでのセミナーはもちろんのこと、第4章で解説するYouTubeやClubhouseなど動画や音声によるオンラインでの集客や、第5章で解説するZoom説明会やセールスプレゼン動画でも、このスキルがあるかないかで、結果は大きく左右される。

惹きつける話し方ができないと、

・教材やZoomの途中離脱（受講を途中でやめてしまう）
・YouTubeの視聴維持率の減少（動画を最後まで視聴されない）
・説明会やセールスプレゼンでの購買意欲の低下

と、大ダメージを受けることになる。
だから、最低限ポイントだけは押さえておいてほしい。

笑顔、1・5倍の声出し、1・2倍のスピード

できれば授業やプレゼンでは、基本的に口角を上げ**笑顔**で話す。無表情だととっつきにくい印象を与えるからだ。

また、少しパワフルにハキハキしゃべるようにする。慣れるまでは、通常よりも**1・5倍大きな声**を出すことを意識して話す。そして、早口の人を除いて、通常の講義スピードよりも**1・2倍のスピード**で話すようにする。

無表情で小さな声でボソボソと話す講師よりも、受講者ははるかに集中して聞きやすくなる。

声の強弱を意識して感情豊かに話す

基本は笑顔で話したほうがいいが、講義の中で、受講者をピリッとさせたいときは真顔や真剣な表情で話す。

大事なことは、より感情的に力強く話す。
耳寄りの情報は声を弱めてヒソヒソと話す。
受講者を焦らせたい場合は、早口で話す。
悔しい話は悔しい感情を出して話す。

このように感情にメリハリをつけて話をすると、受講者は惹きつけられる。

初心者の場合、なかなか感情的に話すのは難しいと思うかもしれないが、これは練習次第で誰でもうまく話せるようになる。

私はもともとは感情を表に出さない人間だ。性格もシャイで、おとなしい。しかし、プレゼンや講義のときは違う。自分にスイッチを入れて、感情豊かにパワフルに話す。

自分の性格は関係ない。受講者を惹きつけるためにも、プレゼンで講座が売れるためにも、感情的に話せるようにしておこう。

具体的にわかりやすく話す

解説は常にわかりやすく話す。

わかりやすいとは、受講者の脳にスッとイメージできるようにしてあげること。

そのためには、常に具体的に話す必要がある。

たとえば、私が「山をイメージしてください」と言ったとする。そのとき、あなたはどんな山をイメージするだろうか。

普段登山をしている人なら、最近登った山をイメージするかもしれないし、「まんが日本昔ばなし」に出てくるような小さなアニメの山をイメージするかもしれない。

しかし、私から「朝日の昇る富士山をイメージしてください」と言われたらどうだろう？　みな同じような富士山をイメージするはずだ。

説明は具体的にすればするほどわかりやすくなる。

固有名詞、数字、例え話を入れることでどんどんわかりやすくなる。

「みんなが殺到する前に行動したほうがいい。時間がかからずにすぐできるから。たとえば、ディズニーランドのビッグサンダーマウンテン（固有名刺）がゴールデンウィークとかだと120分待ち（数字）だけど、ゴールデンウィーク明けの空いているときに行けば、15分（数字）くらいで入れるじゃん。あれと同じ」
「オンライン講座で売れやすい先生の特徴って、ドラえもんに出てくるのび太（固有名詞）のようなキャラです。『元々ダメダメだったけど、そんな僕でもできた方法を教えます』みたいなのが、一番売れやすいんです」

大事なことは、受講者にとって聞き慣れない言葉やノウハウが出てきたら、**受講者の脳内にイメージできるようにしてあげること**。

そのためには固有名詞、数字、例え話をうまく活用して受講者がイメージしやすくなるようにしよう。

動画で学ばせるプレゼンテクニック

教材もZoomセミナーもYouTubeも、最低限押さえておかなければならないのが説明の順番である。

この順番を押さえておけば、講師初心者でも非常に惹きつけやすい講義構成となる。そして、この構成に不要な話は全てカットする。スッキリとわかりやすく受講者に知識を提供できる。

本書ではもっともオーソドックスで基本的な構成を紹介しよう。

シナリオ1　得られる結果

「今日のセミナーでは（この動画では）、
（○○で悩んでいる人が、）○○できるようになる方法を解説します。
今日のセミナー（この動画）が終わるころには、
○○を理解でき、○○できるようになりますので、
最後までしっかりと受講し学んでください。
※（　）内は入るときと入らないときがある。

シナリオ2　問題点

「（○○ができなくて、）こんなことで困りませんか？」
・困ること①
・困ること②
・困ること③
「でも、このセミナー（動画）受講後には

それが解決できます」

※（　）内は入るときと入らないときがある。

※なぜ、これから話すことを今学ぶ必要があるのかを伝える。

シナリオ3　解決策

「それでは、具体的な対処法（解決策）を解説していきます」

・解決策①

・解決策②

・解決策③

以下、なぜこの解決策が効果的なのかを伝える。

以上の順番で解説する。

この構成は10分程度の教材でも、1時間以上のZoomセミナーでも同じである。

まずは、この順番にそって講義構成を考えてみよう。

満足度の高いZoom講座のポイント

ここからは、Zoomでセミナーや研修をする場合の効果的な盛り上げ方を解説しよう。

リアルでもZoomでも、受講者が盛り上がらなかった経験のある先生であれば、痛いほどよくわかると思うが、あれほど辛いものはない。

受講者が無反応。またはやる気がない。

ワークをやっても非協力的。

学校の先生やアウェーの会場で開催する研修講師がよく凹《へこ》むシチュエーション

だ。そうならないためには、講義が盛り上がる仕掛けが必要で、さらにオンラインではオンラインならではのやり方がある。

Zoomが盛り上がれば、先生側もやりやすくなるし、受講者の学習効果も上がる。もちろん、結果として受講者の満足度も上がるのでリピートや紹介にもつながりやすい。

先生もやりやすく、受講者の学習効果も上がり、満足度につながるZoom講座の進め方を、順を追って説明しよう。

まず、前提としてセミナーや研修の場合、先生が一方的に解説していくやり方はおすすめしない。一方的な解説は受講者の集中力が切れやすいし、学習効果が上がりにくい。それに、一方的な解説ならわざわざセミナーや研修にする必要はなく、収録済みの動画教材を受講してもらえれば済む話である。

セミナーや研修の強みは双方向でやりとりができるライブ感にある。

先生と受講者とのコミュニケーション、受講者同士のコミュニケーション、そしてそれを通じてワークをしたり、質疑応答をリアルタイムでやることに意義がある。


単なる知識を提供するだけなら動画教材だけで十分。

教材では提供し切れない学びをセミナーや研修でやる。

これがセミナーや研修の強みである。


正直言って、知識はただ解説を受けただけでは、ほとんど身につかないし、使いこなせない。それで使いこなせるのは、一部の器用な人たちや上級者たちだけ。

それ以外の人が、知識の定着、理解度を深める、技術として使いこなせるようになるためには一定のワークや質疑応答、コンサルティングが必要になる。

そのワークや質疑応答が、オンラインの場合、多岐にわたってできる。

ということで、Zoomによるセミナー、研修で、講座を盛り上げながら、受講者の学習効果を高めるワーク、質疑応答を進める方法を紹介しよう。

盛り上がり、学習効果も上がる！チャット術

まずは、Zoomのチャット機能を使って講座を盛り上げたり、受講者の学習効果を高める方法を紹介しよう。

あいさつコメントを書かせる

講座のスタート時。受講者に講座に集中してもらうため、まずは書き込みをやってもらう。書き込みは簡単なものほど良い。

「みなさん、こんにちは！　今日は〇〇講座を行います！　まずは、こちらの声がちゃんと聞こえているかの確認もしたいので、一言あいさつ、または『聞こえ

ています』のコメントをお願いします」

私は毎回、このように始めているが、とにかく最初は受講者全員が簡単に書き込めるものが良いので、あいさつで良い。

そして、コメントしてくれた人には、「あ、○○さん、こんにちは！」と、名前を呼びながら、あいさつの返事をする。

私の場合、受講者数が50人以下の場合、コメントをくれた人全員にあいさつの返事をその場でする。さすがに50人以上、100人とか200人になっていると全員の返事をすると時間がなくなるのでやらないが、50人以下なら、毎回やる。

意外とこれは大事で、先生が書き込んでくれた受講者の名前を呼び、返事するだけで受講者のコメントは増えやすくなる。

と同時に、受講者は以後チャットにコメントしやすくなり、先生との距離が近くなる。

受講者の頭を整理させるためのアウトプット

先生から解説を受けても、受講者はその全てを理解できるわけではない。「わかった」つもりにはなるが、時間の経過とともに、すぐに忘れる。

知識を部分的には覚えていても、全体的にどんな流れで、どういうことだったかまではあまり覚えていない。

それを防ぐためには、**定期的に「振り返り」の時間をつくる**必要がある。ある程度解説をしたら、「ノートしたものも見ながら、ここまで学んだことを、整理してチャットに書き込んでください」という時間をつくる。受講者にとっては集中力を切らさない時間になるし、アウトプットすることで記憶の整理、定着へとつながる。

チャットの場合、全員分の書き込みが一度に見られるので、先生にとっては、受講者はどの程度理解できているか、どこに興味を持っているのか、がひと目でわかる。そのため、全体的に理解度の弱いところは再度重点的に解説するなどの補足ができる。

書き出し系のワークはリアルセミナーよりも強力

チャットは、書き出し系のワークをやるには最適である。書き出し系のワークとは、自己PR、キャッチコピーといった文章で練習するワークである。

就活講座、マーケティング、コピーライティングの講座の場合、文章のトレーニングをすることがあるが、チャットの場合、受講者全員の文章を先生も受講者も同時に見ることができる。

これが強力な効果を発揮する。

先生はひと目で各受講者のレベルを理解できるから、同じ間違いをしている人が多ければ、補足の解説をすることができるし、最短時間で公開添削だってできる。
また、よくできている受講者の文章は、お手本として使うことができる。お手本とされた受講者も自信がつくし、一石二鳥だ。

質疑応答、インスタントコンサル

講座の後半では質疑応答タイムを設けてもいい。前半の解説でわからない部分や質問をチャットに書き込んでもらう。あるいはチャットに相談内容を書いてもらって、公開コンサルをする時間にしてもいい。

質問やコンサルの内容をチャットに書き込んでもらい、先生はそれを拾って読み上げて回答する。口頭での質疑応答やコンサルよりもスピーディーに進められる。

あるいは、「今日は、あなたが知りたいことを解説します。あなたが知りたいことはなんですか？　解説してほしいこと、悩んでいることをチャットに書き込んでください」と指示して講座を始めることだってできる。

その結果、受講者がどんなことに悩み、何に興味を持っているのかも同時にリサーチができ、次の講座づくりのヒントにもなる。

なお、受講者がどれに興味があるのか、選択式で聞きたいのであれば、Zoomの投票機能が便利である。

投票機能を使えば受講者に何を学びたいか聞くことができ、しかも、投票者中何人が選んだかやグラフが表示されるので、一発でわかる。リサーチには非常に便利なのでぜひ活用してみてほしい。

Zoomで盛り上げるワークテクニック

書き出しではなく、受講者同士でディスカッション、練習、アドバイスをさせる場合は、Zoom のブレイクアウトセッションを使う。この機能を使えば、受講者を2人以上のグループに分けることができる。

おすすめは**受講者4人ごとに1グループ**。これより多くなると発表者が多くなり、ワークの時間が足りなくなりやすい。

たとえば、グループごとに1人1分ずつ発表した場合、4人なら4分だが、6人なら6分かかってしまう。しかも、通常1人1分といっても、時間オーバーする人もいるし、次の人の発表までにタイムラグができてしまい、結局1人1分の

4人発表でも5分以上かかってしまう。

さらに発表内容によっては1分じゃ終わらないものも多いし、他の受講者からのアドバイスやフィードバックをもらう時間を考えると4人1グループであっても1つのワークにつき15分以上かかる。6人グループの場合は、単純にその1・5倍かかる。

では、逆に2人のグループならどうかというと、人数が少ない場合、受講者の中にはブレイクアウトルーム（ブレイクアウトセッションのグループ内の部屋）に入らない、あるいは入れないケースがたまにあり、2人の場合、ひとりぼっちのグループができてしまうこともある。そう考えると、最適なのは4人のグループである。

そこで、グループ分けをしたときに大事なことは、グループごとにタイムキーパーを置くことである。

1人1分で発表と決めたら、ちゃんとスマホで時間をはかって、1分経過したら、たとえ発表が途中でも次の発表者にバトンタッチしてもらう。

ここをしっかりしておかないと、全員が発表し、それぞれフィードバックをもらう時間だったのに、1人目の発表とフィードバックが長すぎて、残りの3人は発表もフィードバックもないという結果になることもある。

ブレイクアウトセッション中は、受講者もカメラ機能をオンにして表情が見えるようにしてもらったり、ジェスチャーだけでもいいから、他の受講者が発表したら、残りの受講者が拍手をするなど、話しやすい空気をつくることも大切だ。

また、学習効果が高いのは、学んだことをすぐに他人に教えることである。だからグループワークセッションを使って、講座で学んだことを教え合うワークも効果的である。

グループ内では1人が先生役になり、残りが受講者役になり、模擬講義のように解説してもらう。先生役は教えることで理解度が深まり、知識の定着になる。受講者役も何度も同じ解説を複数の先生役からしてもらうことで理解度が深まり、知識の定着になる。

ブレイクアウトセッションをうまく使うことで、講座が盛り上がるだけでなく、学習効果が何倍にも上がることになる。

集中力を高める時間配分とは？

以上、Zoomを使った講座の盛り上げ方を解説してきたが、受講者の集中力や学習効果を高めるために重要なことを補足で解説しよう。

それは、休憩時間とワークについてである。

90分以下のZoomセミナーであれば、休憩なしでやっても問題ないが、それ以上の講義時間になるのであれば、定期的に休憩を入れたほうが受講者の集中力は保たれやすい。

リアルの講座の場合、90分に1回は休憩を入れたほうが良いのだが、オンラインの場合、リアル以上に疲れやすいので、1時間に1回ぐらい休憩を入れたほうが、受講者にとって良い。
仮に3時間のZoomセミナーをやるのであれば、リアルであれば90分やって休憩、そして最後80分でやる。つまり、休憩1回で良いが、Zoomの場合は、55分～1時間やって休憩にし、合計2回の休憩を入れたほうが良い。

また、リアル、オンラインいずれも、一方的な解説の場合、受講者は15分程度で集中力が落ちやすくなるので、15分に1回はワークを入れることをおすすめする。ワークといっても、毎回ブレイクアウトセッションで発表させなくても良い。前述のように、「この15分で学んだことを整理してチャットに書き込んでください」といったもので良い。

大事なことは一方的に講座で話を聞いている状態は15分程度で区切って、あいだに受講者に能動的な作業を入れるということである。
それによって集中力の維持と高い学習効果が見込める。

PCやスマホ1台でできる！教材のつくり方

教材にはテキスト、音声、動画のケースがあるが、本書では動画にフォーカスして解説したい。

動画教材は基本的にパソコンか、スマホがあればつくれる。収録するときは、Zoomで十分だ

カメラ機材やプロのカメラマンは不要である。つまり、プロのカメラマンは必須ではない。

パソコン、スマホ、どちらでもいい。あなたが使いやすいほうで教材をつくってみよう。

ただし、パワーポイントなどのスライドや資料などパソコンの画面を使って解説するのであれば、パソコンでの教材づくりがいいだろう。その際には、パソコンにカメラ機能とマイク機能が付いていることが条件である。最低限この2つの機能の付いたパソコンがあれば、すぐに教材はつくれる。

教材を収録するときは、パソコン内のZoomを利用する。Zoomを起動してレコーディングボタンを押して、そのままパワーポイントを共有して教材を撮ってしまえばいい。

このように、Zoomは録画手段として活用する方法もあるのだ。

また、ホワイトボードや黒板を使いながらレクチャーする教材を収録するのなら、スマホに三脚を立てて撮れば良い。

2018年くらいまでは私も教材収録には、ちゃんとした業務用ビデオカメラを使っていたが、iPhone 10になってからは板書解説の教材は全てスマホ収録に切り替えた。

「あの教材、スマホで撮った」と後日受講者に言うと、多くが驚いた。

「業務用ビデオカメラかと思いました！」

このように講座の動画はあくまでも講座コンテンツが目的であって、ミュージックビデオや映画のように高画質である必要がないし、受講者もスマホで撮っていることに気がつかないくらい、最近のスマホはクオリティーが高い。

iPhone 6以前のような古いスマホを使ってさえいなければ、問題なく講座収録ができる。

動画教材は簡単につくれる時代になったのだ。機材の心配はせずに、さっさとZoomを立ち上げて収録してしまおう。

第4章

受講者を自動で集めるオンライン集客術

#「受講者が集まらない」問題

学校や企業で教えている先生以外は、基本的に受講者は自分で集めなければならない。しかし、コンスタントに満足のいく数を集められている先生はほんの一握り。多くの先生が集客に苦労している。

セミナー講師、士業、コーチ・・・どの先生業も、いざ自分で集客してみると、最初は友人、セミナーで知り合った受講者仲間が来てくれても、やがて受講者が集まらなくなる。

ＳＮＳで複数のコミュニティーに所属したり、情報発信したり、セミナーや交流会に参加したりして、もがきながらなんとか受講者やクライアントを集めようとする。

それでも、うまくいかない。結果、半年から2年で廃業。

残念ながら、そういうケースを私は何度も見てきた。

どんなに素晴らしい内容であっても、受講者が集まらなければ講座は売れない。

一方で受講者が絶えることなくどんどん集まる先生もいる。そして、集客できる先生は年々増えている。オンラインの普及に比例して。

だから、最近はオンラインを駆使して自動で受講者を集客できている先生の割合が以前よりも増えている。

やるべきことをちゃんとやれば、集客できるので、安心してほしい。

では、集客ができている先生とできていない先生の違いはなんだろうか。それが本章で解説する内容である。

本章では先生業が集客に困らなくなる方法について触れていく。

この方法を実践していくと、今後「受講者が集まらない」ということはなくなる。

多くの先生が長年、頭を悩ませていた集客の苦悩から解放される。

見込み客が自動で集まってくるようになるのだ。

しかも、この方法だとすでに先生のファンになってくれているので、受講者が講座を購入しやすい。

では、そのポイントを解説しよう。

集客の鉄則 1

知ってもらい、登録してもらう

まず、集客とはなんだろうか。本書では、

1、あなたのターゲットとなる見込み客に
2、あなたや講座コンテンツの存在を知ってもらい
3、メルマガ、LINE登録してもらう

このような活動のことを集客と言う。
つまり、この3つをクリアしていれば集客成功である。

ということは、

1、あなたのターゲットじゃない人たちに
2、あなたや講座コンテンツを知ってもらい
3、メルマガ、LINE登録してもらう

のは集客失敗であるし、

1、あなたのターゲットとなる見込み客に
2、あなたや講座コンテンツの存在を知ってもらい
3、でも、メルマガ、LINE登録されない

のも集客失敗だ。

オンライン集客の場合、自動化ができる分、集客がうまくいっているのか、うまくいっていないのかを常に明確に判断できる基準が必要となる。

そして、**うまくいっていない部分が明確だからこそ、何を改善すれば集客できるのかが、すぐわかる**。

これができるのが、オンライン集客の強みだ。

オンライン講座の集客の仕事は、受講者ターゲットに認知してもらってリスト登録してもらう。ここまでだ。登録までしてもらえれば終了。登録後は販売プロセスに入るので、次章を読んでいただきたい

ということで、本章であなたが学び、身につけるべきは、いかに受講者ターゲットをメルマガかLINEの読者にできるか、この方法である。

集客の鉄則 2
ノウハウ先出しでファンにする

受講者ターゲットに認知されて、メルマガ、LINEに登録してもらうため、絶対に押さえておきたい考え方がある。

それは、「**ノウハウは先出し**」という考えである。

まずは**無料で先生の魅力を伝える**ということだ。

先生の魅力とは、つまり講座コンテンツの中身である、ノウハウそのものである。

人は常に問題を抱えている。

「好きな人ができたけど、告白できない」
「偏差値が上がらない」
「やる気が出ない」
「食べ過ぎで体重が増えた」
「子どもが口を聞いてくれない」
「営業成績が上がらない」
「将来独立したいけど、目先の仕事が忙しくて着手できない」

小さな問題から大きな問題まで山ほど抱えていて、その問題解決のために本を読んだり、ネットやYouTubeでリサーチして情報を収集している。

人それぞれに、いろいろな問題を抱えているなかで、あなたの提供する講座は必ず、誰かの問題解決になる。そのときに、何者かも知らない先生の、どのくらいのレベルの内容かわからない講座を、人はいきなり買うだろうか？

買わない。

まずは無料で手軽に問題解決ができる情報を探すことから始める。そのときに、いきなり「こういう問題を解決できます！　詳しくはLINE登録してください」とか「こういう問題を解決できます！　この講座を買ってください」などの勧誘動画がYouTubeやFacebookで流れてきても、ほぼ誰も反応しないだろう。

そこで、まずは**YouTubeやSNSに無料で問題解決となるノウハウを提供するのだ**。

しかも出し惜しみせず。

同業の先生よりも自分のほうが得意な内容であれば、より優先的に無料で公開する。これが重要である。

しかし、そう言うと、多くの先生が不安になる。

「無料でノウハウを提供したら、有料講座に申し込む必要がなくなるのでは？」

「他の先生よりも得意な部分を無料で公開したら、同業の先生にマネされるのでは？」


先生業が長い人ほど、こんなふうに悩む。

しかし、考えてみてほしい。

プロ野球だって、テレビ（無料）で試合が放映されているチームのほうが人気になって、球場の来場者が増える。ミュージシャンだって、新曲ができると、音楽番組やラジオに出演し、そこで無料で聞いてもらえるから曲が売れるのだ。

映画でシリーズパート2が上映されるときも、直前にパート1がテレビの金曜ロードショーで無料で公開されるから来場数が増える。

全て無料で先出ししているのだ。

無料でその良さを知って、そしてファンになるから、顧客はより大きな行動をとるようになる。

大きな行動とは、野球、音楽、映画であれば、会場に足を運んだり、グッズを買うということである。

優良顧客になってくれるファンを増やすには、まずは有料サービスの無料体験が基本。これは昔から変わらない。

そして、オンライン化時代の今は、より顕著に無料の先出しをする先生のもとに受講者が集まるようになっている。無料で素晴らしいノウハウを公開すればするほど、あなたの講座の良さを知り、ファンになってもらえる。

その結果、メルマガ、ＬＩＮＥ登録をしてもらえるようになるし、講座やコンサルを申し込んでくれるようになる。

集客の鉄則 3

無料と有料の線引きを明確にする

とはいっても何でもかんでも無料で提供すればいいわけじゃない。やはり有料提供と無料提供の線引きは必要である。その線引きを明確にしたうえで、無料でノウハウを出し惜しみなく提供するということである。

では、有料と無料の線引きはどこですればいいか？
実はこれ、明確な答えはない。
なぜなら、ケースバイケースだからだ。

具体的に言えば、「その先生の**有料講座のもっとも価値の高い部分はどこか？**」、それによって変わる。
同じオンライン講座でも、先生や講座によって、一番の価値がどこにあるかは異なるのだ。

ある講座のもっとも高い価値は、先生から直接アドバイスをもらえたり、コミュニティーと交流することだったりする。その場合は先生からのアドバイス、直接のコミュニケーションが一番の価値のため、極端な話、レクチャー部分のノウハウを全て無料で提供しても問題ない。

対象者にカスタマイズして、新しい講演や研修を次々と提供できる先生は、カスタマイズが一番の有料価値になるため、これまた過去の講演のフルバージョンを無料で公開しても構わない。

ただ、これらはコンテンツが量産できる人や、ある程度コンサルに自信のある人でなければ、難しい。

そこで、比較的おすすめの線引きが、これである。

・1つの小さなシチュエーションでの問題に対しての解決は無料
・より大きな目標にコミットした問題解決は有料

この分け方である。


あなたがプレゼンの先生だったとする。無料で教えるのは、小さな1つのシチュエーションに絞った具体的な解決策。

たとえば、

「パワーポイントの使い方、入門」

(パワーポイントの入門レベルに絞った対策)

このような小さな解決だ。

ではその場合、有料講座はどうなるのか？

「3カ月でトップセールスを目指すプレゼンマスター講座」

このように、より大きなテーマ、目標に向けて必要なノウハウ、スキルを提供するものが有料になる。

この無料と有料の違いはわかるだろうか？

無料は小さなシチュエーションなので、動画解説の場合も5分から20分程度に収まる内容になる。

有料の場合、3カ月でトップセールスになるプレゼン力を身に付けてもらうため、

・トップセールスに必要なパワーポイントのテクニックの全て
・顧客のタイプに合わせた攻略法の全て
・プレゼン効果を最大化するためのヒヤリングノウハウの全て
・先生によるパワポの添削
・Zoomセミナー内でのプレゼン練習（ロールプレイングワーク）
・先生への個別質問

などを提供することになる。


どうだろうか？　ここまでくると、無料と有料は明らかに違う。

仮に有料講座が教材のみで、添削、練習、質問は付いてなかったとしても、ノウハウだけでも無料とは明確に線引きされている。

このように線引きができてしまえば、無料ノウハウでは出し惜しみせずに小さなシチュエーションごとのテクニックをどんどん公開してしまえばいい。

集客の鉄則 4
求められるノウハウを先出しする

「まずは無料でノウハウを提供するほうが受講者数は増える」

「有料ノウハウと線引きをちゃんとすれば無料でノウハウを提供しても大丈夫」

ということがわかれば、あなたも安心して無料ノウハウを提供できるだろう。

「よーし、無料ノウハウをジャンジャン発信していくか！」と思ったかもしれないが、1つ注意点がある。

それは、先生自身が「良い」と思ったものを無料ノウハウとして提供してしまうことである。YouTube、ブログ、SNSでよくやってしまう失敗がこれである。

セミナー、研修、講演で話した内容で、先生自身が「我ながら、良い内容だった！」と思っているものをYouTubeで発信する。ところが、思ったほど再生回数が伸びないのだ。なぜなら、YouTubeもSNSも**視聴者（受講者）が自分の興味あること、知りたいことだけに目を留めて視聴したり、読んだりする**からである。

たとえば、以下のような事例はよくある間違いだ。

先生の伝えたいこと。
「睡眠とは何か？」

視聴者の知りたいこと。
「眠れない人のための3分で入眠するテクニック」
「明日、人生を決める試験の日！　そんな緊張から前夜に眠れないのを予防する3つの方法」

この場合、視聴者はすぐに眠りたいのであって「睡眠とは何か？」が知りたいわけではないのである。

オンラインの場合、視聴者の反応がないコンテンツはとたんに表示されなくなる。

YouTubeではブラウジングと関連動画という、視聴者が他の動画を見ているときにおすすめ動画として表示してもらえる機能があるが、おすすめに紹介されるには、すでに多くの視聴者から高反応を得ていなければならない。

また、検索ワードで動画を見にくるケースがあるが、その場合も「パワポ　使い方」など知りたい情報がすでにあり、その特定のキーワードを入れて検索するので、そもそも知りたい情報だと思ってくれなければ、検索さえされないし、検索に引っかからない。だから、再生回数がまったく伸びなくなる。

オンライン集客で大事なことは先生が話したいこと、良いと思ったものではなく、**受講者が興味のあること、知りたいこと、今すぐ解決したい問題と、具体的に関連していること**である。

集客の鉄則 5
メルマガ、LINE登録へ誘導する

YouTube、ブログ、SNSなどの情報発信の場で無料ノウハウをどんどん提供する。それが受講者ターゲットにマッチすればするほど、受講者ターゲットはあなたのファンになる。

そして、ファンになってくれた受講者ターゲットの人たちを、次はリスト化する必要がある。

リスト化とはメルマガやLINEの読者になってもらって、いつでもこちらから講座の案内ができる状態にしておくことである。

そのためには、以下のポイントを押さえて登録者を増やすように心がけよう。

メルマガかLINE登録に誘導する

YouTubeでも、ブログでも、Clubhouseでも、無料でノウハウを提供したら、毎回最後に必ず誘導する。Clubhouseであれば、Twitterに誘導する。

YouTubeであれば、ノウハウ提供後、最後の20秒で「LINEではさらに詳しく◯◯を解説しているので、動画概要欄のリンクより登録ください」と言って誘導する。

どんな利益があるのか、明確に伝える

ただ「メルマガ登録してくださいね」「LINE登録してくださいね」と案内しても登録してはもらえない。

「LINEではさらに詳しく◯◯を解説しているので、動画概要欄のリンクより登録ください」とか、「LINE登録してくれた方には、ただ今教材プレゼント！　期間限定で◯◯の教材が無料視聴いただけます」とか、「メルマガ登録し

てくれた方には、あなたもすぐに○○できるテンプレートプレゼント中」とか、「メルマガでは、YouTubeやブログでは過激すぎて話せない、○○のノウハウを配信しています」といったように、**登録すると具体的に何が得られるかも伝える**必要がある。

リンクを用意しておく

YouTube（各動画の説明概要欄）、ブログ、Facebookであれば、メルマガやＬＩＮＥの登録リンクを貼る。ClubhouseであればTwitterに誘導してTwitterにメルマガやＬＩＮＥのリンクを貼る。

以上の3つは無料ノウハウを提供するごとに必ず実行してほしい。

集客の鉄則 6

YouTube、Facebook、Clubhouseで集める

無料ノウハウを提供し、ファンになってくれた受講者ターゲットのリストを取る。その流れは理解してもらえたかと思う。

では、どのような集客媒体を使えばいいのか。それを解説しよう。

圧倒的に相性の良い媒体、YouTube

オンライン講座ともっとも相性の良い集客媒体はYouTubeだ。

有料教材も、Zoomセミナーも、基本は動画が多い。そのため、YouTubeは有料講座の無料体験的位置付けとして無料ノウハウを提供できる。

実はこれが大きい。

「この先生はどんな教え方をするのだろうか」
「この先生のノウハウは具体的にどんなものだろうか」

はじめての講座の場合、受講者には不安がつきまとう。申し込んで後悔しないか。大丈夫なのか。

しかし、YouTubeでノウハウを提供し、それを視聴してからリスト登録した人の場合、話は変わる。すでに**YouTubeでのノウハウが信頼の担保となっているから**だ。

「毎回、YouTubeで素晴らしい学びを提供してくれているから、この先生なら大丈夫!」と安心して申し込むようになる。

さらにYouTubeの場合、以下の特徴がある。

●検索で表示されやすい

まずはSNSと比べて、表示されやすいという特徴がある。

知りたい知識や解決したい問題があったとき、YouTubeで検索をする人は多い。視聴者が検索をかけたときに、あなたがその問題の解決策をすでにYouTubeにアップしていたら、見てもらえる可能性は高い。

つまり、特定の問題を抱えているターゲットにリーチしやすいのだ。

●グーグル検索でも上位表示されやすい

YouTubeはGoogleのグループのため、同じように問題を抱えている人がGoogleで検索をかけるとYouTubeは上位表示されるようになっている。そのため、YouTubeに動画をアップすることで同時にGoogle検索による認知度も上げることができる。

●おすすめ表示により、再生急上昇して認知が一気に広がる可能性が高い

YouTubeにはブラウジングと関連動画の2つのおすすめ表示がある。簡単に言えばYouTubeがおすすめ動画として、どんどん上位に表示してくれるのだ。

実はこれが大きい！

気がつくと再生回数があっという間に1万回になることもあり、一気に認知を加速させてくれる。

●一度アップしてしまえば、ずっとYouTubeが集客し続けてくれる

YouTubeにアップしてしまえば、その動画は、ずっとYouTube上で集客をし続けてくれる。

Facebookの場合、1年前の投稿を、投稿した当時と同じように今、見ることはできない。古い投稿であればあるほど、見ることができなくなる。

しかし、YouTubeは違う。5年前にアップした動画でも、改めて注目を浴び、**今ごろになって集客に大きく寄与してくれる**なんてこともザラである。

以上から、YouTubeは講座集客に圧倒的に有利である。

私は2010年からYouTubeで集客しているが、10年以上経過してもYouTubeは変わらず集客の圧倒的メイン媒体となっている。

拡散スピードが早い媒体Facebook

YouTubeがストック型の媒体だとしたら、Facebookは今すぐ多くの人に拡散してもらうのに効果的な媒体である。

画像、テキスト、動画を組み合わせて、無料ノウハウや、近日開催予定の講座（無料、有料問わず）の告知も短時間で広がりやすい。主に画像とテキストでノウハウを提供したり、**スピーディーに拡散したいときに効果的**である。

無料ノウハウの王様媒体だったブログの今

ブログは画像とテキストによる無料ノウハウに長《た》けている。YouTubeと同様ストック型で一度つくってしまえば、ずっと集客に貢献してくれる。

とはいうものの、テキストより動画のほうが、解説がわかりやすい、気楽に学べると思う人が多く、講座の集客媒体としてはYouTubeが圧倒的に強くなっている。

動画よりもテキストで学びたい派や、動画は見られないけどテキストでなら目を通せるタイミングであれば、記事（ブログ）で調べたいというケースもあり、YouTubeと並行してやっておいて損はない。

オンライン講座と相性の良いClubhouse

音声ＳＮＳであるClubhouseもオンライン講座の集客と相性が良い。受講者ターゲットが悩んでいることをClubhouseのルーム内で解説したり、公開コンサルのように相談を受けることができるからだ。音声のみのため、「作業をやりながら聞く」など「ながら」で気軽に学べるメリットもある。

公開コンサルをして関係性を構築してしまえば、その受講者はそのままオンライン講座やオンラインコンサルを購入しやすい。

ちなみに、Clubhouseの場合、録音NGのため、無料ノウハウのストック化はできない。そのため、YouTubeと違って、一度アップしたらほったらかしでも集客してくれるわけではないが、その分、今、ルームに入ってきてくれた人には強くアプローチできる。

他にも、InstagramやTwitterなど効果的なSNSはあるが、無料ノウハウを濃厚に提供することはできない。YouTubeなどの媒体に誘導するためのきっかけコンテンツとして活用すると良いだろう。

「複数の媒体をやるのはシンドイ、時間がない」という人には、まずは**YouTubeを優先的に始める**ことをおすすめする。

集客の鉄則 7
手っ取り早くやるならライブ配信

ここからは、スピーディーに集客するための方法を紹介しよう。

認知度を高めて、一気にファンをつくってリストを獲得したいなら、ライブ配信がおすすめである。

ライブ配信はYouTube、Facebook、Instagramでできるし、音声のみで良ければClubhouseもある。

ライブ配信の時間は、30分から1時間半の間が効果的である。それ以上長くしても、リスト登録、オンライン講座の申し込みのいずれの観点から見ても、増えることはない。むしろ1時間半以上の場合、ライブ参加者が満足し過ぎてしまい、リスト登録や有料講座の申し込み率が下がることもある。飽きさせず、疲れさせず、でも良さも伝わり、「もっと聞きたい！」と思われる、その最適な時間が1時間前後である。

ライブ配信の場合も無料ノウハウの提供に変わりはない。だから、ダラダラやるわけでも、無目的にやるわけでもなく、必ずテーマを決める。それも受講者ターゲットにとって興味深い問題解決となるテーマである。

もちろん、無料ノウハウだけを一方的に解説するだけであれば、普段のYouTube動画のリリースで十分である。だから、ライブの場合は配信中に参加者とのコミュニケーションをとることに意義がある。

あいさつをし、どんなことに興味があるのかを聞き、ライブ参加者にカスタマイズした無料ノウハウや質疑応答を入れ、より先生としての信頼と関係性を構築することが重要である。それがちゃんとできていれば、普段のYouTube（録画済み）やFacebookの投稿記事よりもメルマガやＬＩＮＥリストを短時間で獲得できる。

また、YouTubeライブであれば、ライブ終了後、そのままYouTubeでアーカイブ（録画放送）としてずっと視聴者が見られるようにすることもできる。

つまりライブで今すぐ関係性を構築し早くリストを獲得しながら、ライブ後はずっと無料ノウハウ動画として集客し続けてくれる。

これはかなり大きい。

また、同時配信をするためのツールが必要になるが、FacebookライブとYouTubeライブの同時配信もおすすめである。

Facebookライブの場合、ライブ配信中には友達に表示されやすい。

一方、YouTubeライブの場合、配信後にそのまま無料ノウハウ動画として提供し続けられる。

その両方のメリットを手に入れられるのが同時配信である。

他にもYouTubeライブとInstagramライブの同時配信など、相乗効果を狙う方法はいくつもある。

非常に可能性のあるやり方である。

集客の鉄則 8

最速でリストをとるならコラボ

最短で、しかもお金をかけずにメルマガ、ＬＩＮＥリストを集めるなら、コラボがおすすめである。ＪＶ（ジョイントベンチャー）とも言う。

コラボがうまくはまると大きく集客できる。

コラボ相手と対談する

おそらく一番イメージしやすいのがこのパターンだろう。

コラボ相手の Facebook ライブや YouTube ライブにゲスト出演させてもらったり、逆に自分のアカウントやチャンネルにゲストとして出演してもらう。

Clubhouseでの対談も効果的である。Clubhouseはむしろコラボするための媒体じゃないかというくらい、多くの人がコラボしまくっている。

コラボ対談は両者の友達、フォロワー、チャンネル登録者が見にきてくれるので、集客効果が高くなる。

また、コラボ対談はライブ配信だけじゃない。

対談を収録しておいて、それを後日YouTubeで録画放送としてリリースしても効果的である。その場合は、対談を前編と後編に分け、前編を自分のチャンネルで流したら、後編はコラボ相手のチャンネルで流すようにすると、両者のチャンネル活性化につながる。

お互いのリストで相互紹介する

他に有効な手段として相互紹介がある。お互いのメルマガやＬＩＮＥリストで相手の講座を紹介する方法だ。

自分のメルマガではコラボ相手の講座を紹介して、相手のメルマガでは自分の講座紹介をしてもらう。これもリストを一気に取得するチャンスである。

注意点としては、いきなり有料講座の紹介をしないこと。まずは無料のメルマガまたはＬＩＮＥリストに誘導してもらったほうがいい。有料講座の案内をしてもらうのではなく、「〇〇先生のメルマガに登録すると、〇〇教材プレゼント！」と無料プレゼントに誘導する。

こうしてリスト登録してもらった後に、じっくりと無料ノウハウで信頼構築をし、そのうえで有料講座の案内をする。それだけで劇的に売れるようになる。

これは効果がない！　コラボの注意点

コラボは非常に効果的だが、実は誰とでもコラボすればいいわけではない。コラボには条件がある。

●顧客・フォロワー・リストの属性が同じであること

たとえば、あなたが経営者向けのオンライン講座をやりたいと思っていたとする。その場合は、経営者のメルマガリストやフォロワーを抱えている人とコラボしなければ意味がない。

もしも、相手が大学生のメルマガリストやフォロワーを多数抱えていた場合、このコラボは失敗する。

わかりやすく極端な例を出したが、実はここまで極端じゃなくても、お互いのリスト属性が違うのに、集客目的でコラボしている人が多い。失敗する可能性が高いので、ここは絶対に注意してほしい。

●お互いの得意が相互補完できる関係であること

これは先生業コラボでよくある例だが、「集客の苦手な先生」と「集客の苦手な先生」がいて、1人じゃ集客できないから2人でコラボして講座開催しようというパターン。

そもそも集客できない人同士がコラボしても、結果的に集客はできない。この場合、「集客の苦手な先生」は「集客の得意な人」とコラボしなければ意味がない。

「私は教えることはできないけど、先生の求めている受講者ターゲットが、うちのメルマガ読者にはたくさんいます」

こういう場合はコラボが成功しやすい。

集客の鉄則 9 お金をかけてリストを集める広告

最後は「お金をかけても良い」という人向けである。

お金をかけられるのであれば、やはり広告が有効である。

YouTube で無料ノウハウをコツコツアップしてリストを取るのは時間がかかる。ライブ配信でリストを取るのも、スピーディーではあるが、友達の数に比例した集客となる。

しかし、広告の場合は友達やフォロワーが少なかろうが関係なく一気にリストを取れる。お金で「時間を買う」イメージだ。

ただし、YouTubeでコツコツ無料配信するのに比べて、広告は信頼が構築されていない。だから、リストを集めて（メルマガやＬＩＮＥに登録してもらって）からが勝負である。

GoogleやYahoo!のリスティング広告、YouTube広告、Facebook広告、Instagram広告、ＬＩＮＥ広告など、オンラインでの広告はいろいろあるが、先生業が受講者ターゲットに絞ってリストを手っ取り早くとるのであれば、今のところ、Facebook広告が一番パフォーマンスが高い（Facebook広告では同時にInstagram広告も出せる）。

コストがかかっても最速でリストを集めたいのであれば、広告は有効である。

第5章

講座が勝手に売れる自動販売法

売り込まなくても講座は勝手に売れる

メルマガやＬＩＮＥに登録してもらったら、どうやって講座を購入してもらうのか。

この「リストに登録してもらってから、講座購入まで」のプロセスを、本書では「販売」と言う。

オンラインでの販売方法は２つある。

Zoom で説明会をする方法と自動で売る方法だ。

一番簡単な販売方法は、Zoom 説明会を開催するやり方である。しかし、講座をたくさん売ろうとすると、その分説明会を多く開催しなければならず、時間も体力もとられる。

そもそも先生業はオンラインでセミナーやコンサルをやったりと、受講者にいろいろと提供するため忙しい。そんななかで、毎回毎回、販売に時間を割くわけにはいかない。

私は販売に時間を取られたくないので自動化した。オンラインだと、この販売プロセスを自動化できる。

おかげで今は、販売にはほとんど時間は割いていない。でも講座は常に売れている。

つまり、メルマガやＬＩＮＥに登録してもらえれば、あとは放ったらかしておいても勝手に講座が売れるのだ。そのやり方を本章でお伝えするわけだが、この方法を実行すれば、**毎回売り込みやセールスをしなくてよくなる**。

そのため、説明会やセールスの時間をつくる必要もない。

とにかく受講者ターゲットがメルマガやＬＩＮＥに登録してくれれば、勝手に講座が売れるようになる。

一方で、せっかく受講者ターゲットがメルマガやＬＩＮＥに登録してくれても、販売のやり方を間違えると売れなくなってしまうので、ぜひこの販売方法をマスターしてほしい。

勝手に売れる仕組み 1
いきなり販売しない

メルマガやＬＩＮＥに登録してもらった直後に、いきなり有料講座の案内をしてはいけない。いきなりセールスをしては、売れるものも売れなくなる。心理的なハードルが多すぎるのだ。

素敵な女性と出会ったとき、いきなり「ホテルに行きませんか」とか「結婚しませんか」と声はかけないだろう。女性からしたら、この人がどういう人なのか、信頼にたる人なのか、自分と相性が良いのかがまったくわからないからだ。

メルマガやＬＩＮＥ登録してくれた人にいきなり「10万円の講座買いませんか？」というのも同じこと。

この先生はどのくらいすごいのか、自分の人生を具体的にどう変えてくれる講座なのかまだわかっていない。そんな段階でお金を払うのは心理的ハードルが高い。

では、どうすればいいのか。

まずは**無料で学んでもらうこと**。

有料で教えるのではなく、無料で手軽に受講者ターゲットが学びたいと思っていることを動画教材で学んでもらう。

無料の動画教材でじっくり学んでもらい、「この先生からもっと学びたい！」「この講座をもっと詳しく学びたい！」と購買意欲が高まってから、はじめて有料講座の案内をするのだ。

販売前に無料で学んでもらう動画教材のことを、私は「事前教育動画」と呼んでいる。販売の前（事前）に学んでもらうのと同時に、有料講座の購買意欲を高める動画（教育動画）だからである。

本書でも、ここからは「事前教育動画」と呼ぶ。

勝手に売れる仕組み 2

事前教育動画をつくる

では、有料講座の案内前に無料で学んでもらう事前教育動画では、何を提供すればいいのか。

前提として、集客段階のYouTubeで無料ノウハウを提供している場合、その無料ノウハウと異なる動画にする必要がある。でなければ、わざわざメルマガ、LINE登録して学ぶ必要がないからだ。

一方、有料講座で提供する内容とも異なる動画にする必要もある。YouTubeの無料ノウハウとも、有料講座のノウハウとも違い、それでいて有料講座の購買意欲を高める無料動画教材。これが事前教育動画の条件である。

そう言われると、「そんなことできるの？」と思うかもしれないが、できる。
ポイントは、**「有料講座が『なぜ』あなたに必要なのか？」を明確に伝える動画のシナリオ**を設定するのである。

前述のように、YouTubeなどの集客段階での無料ノウハウ動画は、小さなシチュエーションに絞った問題対策だった。そして、有料講座の場合は、より大きな目標にコミットした問題解決の内容だった。
事前教育動画は、その有料講座が「なぜ」あなたに必要なのか。ここにフォーカスしたノウハウ動画になっていればいいのだ。

しかし、「なぜ」だけで、動画教材になるのか。具体的にどんなことを話せばいいのか。おそらくイメージがつかめないだろう。

安心してほしい。

事前教育動画のシナリオテンプレートを共有するので、これを使って、話す内容を埋めていってほしい。

事前教育動画シナリオテンプレート、公開！

前提として、第2章で紹介した「売れる講座コンセプト」を先につくっておく必要がある。受講者ターゲットは誰で、最終的にどんな目標を達成するための講座なのか。

そして、売れるテーマの要素も取り入れた、売れる講座コンセプトであること。

「社長が1週間出社しなくても、売り上げが下がらないマネジメント講座」
「年収100万円アップのキャリアパス」

これは、第2章の例から抜粋したものだが、こういった講座コンセプトのあなたバージョンを先につくって用意しておく。
売れるコンセプトをつくったら、あとは簡単。
次の順番にのっとって、話していけばいい。

売れる事前教育動画の構成

事前教育動画のタイトル

まずは事前教育動画のタイトルである。これは、講座コンセプトとしてまとめた文章を使う。


「社長が1週間出社しなくても、売り上げが下がらないマネジメント講座」

であれば、

「社長が1週間出社しなくても、売り上げの下がらない会社をつくる方法」

など。


講座コンセプトをイメージしやすい表現を加え、「秘密」とか「方法」で締めると効果的な事前教育動画のタイトルになる。

「社長が1週間出社しなくても～」のケースだと、ここに「マネジメント講座」と最初からタイトルに入れてしまうと、難しそうな印象を持たれてしまう。そこで、最初は「売り上げの下がらない会社をつくる」と、よりシンプルに表現する。

いきなり「マネジメント講座」をタイトルにしてしまうと、多くの社長は「難しそう」「めんどう」「他の方法はないかな」と思ってしまうからだ。

いくら無料で学べる動画教材だからといって、「難しそう」「自分には無理そう」と思われてしまったら、視聴してもらえない。だから、できるだけ**ストレートなベネフィットが伝わるタイトル**にする。それと同時に学ぶ意欲を削ぐキーワードは外しておく。

私の場合、

「コロナショックでリアル講座が中止になった講師のための、1カ月でオンライン講座を構築し50万円売り上げるカリスマオンライン講師養成講座」

という講座コンセプトをつくった。

要するに、講座が中止になって1カ月仕事がなくなってしまったのなら、その間にオンライン講座化して新しい収入源をつくっちゃいましょうよ、というわけである。

そして、そのときの事前教育動画のタイトルは、

「1カ月で50万円売り上げるYouTube×Zoomを構築するカリスマオンライン講師養成講座」だった。

タイトルはよりストレートでかつベネフィットを高めるために、

「オンライン講座化」ではなく、集客と講座のイメージがしやすい「YouTube×Zoomを構築する」とした。

とにかく、受講者ターゲットが、「そのタイトルで無料だったら絶対に受講したい！」と思うようなタイトルを売れる講座コンセプトをもとにつくろう。

タイトルが決まったら、いよいよ事前教育動画で話すシナリオの構成を決める。

基本的に、以下の7つで構成される。

① モデルとなる目標の提示

まずはモデルとなる目標の提示である。

目標となるモデルがなければ、人は理想の自分の状態をなかなかイメージできない。だから、この動画を通じて、受講者は何を目指すのかを最初に伝える。

「この動画では、セミナー講師、コンサルタント、士業、コーチがオンライン講座化することで1カ月50万円の売り上げを上げる方法を解説します」

「コロナショックでリアル講座が中止になって収入は激減。大変ですよね。でも、その講座が再開できるまでただ指を加えて待っていても、あなたの人生は好転しません。むしろ、不安が増すだけです。それならば、この空いた時間をチャンスと捉えて、新しい収入源となるオンライン講座をつくっちゃいましょう」

「YouTubeとZoomを使って1カ月集中して集客から講座提供までつくる方法をこれから解説していきます」

このような感じである。

さらに、この方法を実行して成功している人の例があれば、それも具体的に伝える。

「この方法を使って、すでにYouTubeから毎月70人の新規受講者が入会している先生もいます。月額1万円なので、毎月70万円以上の受講料がコンスタントに増え続けています」

「YouTubeを始めて3カ月の間にLINEで600リスト集めた先生もいます。始めたばかりの講座にもかかわらず、すでに200人近い受講者がいます」

また、最初のころは成功実績がないので、その場合は自分の事例だけを載せる。

あるいは、モニター（無料受講者・クライアント）を最初につくって、その人を徹底サポートして数字で示せるほどの成果を出させる。そのモニターの事例をここに入れるのも良い。

もし、実績がない場合は、この方法を知ると、「こんな自由な選択ができるようになる」というのを紹介するのも良い。

先ほどのカリスマオンライン講師養成講座の例だと、

「毎月50万円売り上げるYouTube×Zoomによるオンライン講座化は、いろいろな活躍の仕方があります。

たとえば、オンライン講演家。YouTubeで過去講演の動画を流したり、YouTubeライブでリアル講演をする。そして、その動画を講演団体に案内することで講演依頼を受けるということもできます。

続いてオンラインコンサルタント。今まで対面で教えていたコンサルティングを全てオンラインで集客し、コンサルできるようにします。

他にも、セミナー講師なら・・・、士業なら・・・」

とモデルとなる目標をできるだけイメージしやすいようにする。

これが重要なポイントだ。

② 目標達成後の未来の共有

続いて、目標の先の未来の共有。

目標の先とはどういうことか。

目標を達成した後、受講者の仕事や人生がどう変化するのか、具体的に語るのだ。

「YouTubeとZoomで毎月50万円以上売り上げが上がるようになると、今回のコロナのように外出自粛になっても、不安がなくなります。そういうときはオンラインでのサービス提供を強化すれば、逆にオンラインからの売り上げが上がります」

「オンラインで講座ができるようになると、場所にとらわれなくなりますから、全国を旅行しながら、温泉宿から講座やコンサルを提供することだってできます」

というように、目標達成した結果、得られるお金、時間、自由で広がる可能性を具体的に紹介する。

生まれたお金と時間で新規事業や新たなチャレンジができることを話してもいい。生まれた自由で新たなライフスタイルを提案するのもいい。

また、受講者からの喜びの声や、実現した結果があれば、ここに入れる。

ポイントは、受講者ターゲットがイメージできて、魅力を感じてくれること。そのために、具体的かつ受講者ターゲットの価値観にあった提案をする。

③ 選択しなかった場合のマイナスの未来の共有

続いて、この方法を学ばないまま、抱えた問題をそのままにしていた場合に考えられる未来を解説する。

「今この時期にオンライン化を始めておかなければ、再びリアルでの講座開催ができなくなったときに、その都度収入が減り、悩まされることになります。緊急事態宣言が発令されるのか、会場に何人まで入場させてOKなのか、常に社会情勢に振り回され、心配が尽きません。

加えて、受講者もどんどんオンラインでの受講に慣れていき、便利と感じるようになります。そうなると、たとえコロナがおさまっても、以前のようにリアル会場に受講者が足を運ばないかもしれません。

さらに、こうしている間も、あなたの同業者はオンライン化に着手し、どんどんオンラインで新規受講者を獲得しています。オンラインに着手しなかった場合、いち早くオンラインを導入した同業者とどんどん差が開き、やがては知名度も受講者数もいつの間にか追いつけないほどの圧倒的な差になっているかもしれません」

誤解してほしくないのだが、受講者ターゲットを脅したいわけじゃない。起こりうるマイナスの未来の可能性を伝え、最適なタイミングで、最適な判断をしてもらいたいのだ。

雨が降りそうな日に、あなたの家族が傘を持たずに外出しようとする。そのときに、「雨が降る確率高いから傘持って行ったほうがいいよ。びしょ濡れになるよ」と言うのと同じ。脅したいのではなく、親切心でリスク回避の提案をしているのだ。

④ 専門家としての自己紹介

ここまでで、しっかりと解説できていたら、多くの受講者が「①で掲げた目標に向かって頑張りたい！」と思うようになる。

そこではじめて、あなたは専門家としての自己紹介をする必要がある。

「このタイミングで自己紹介？　遅くない？」と思うかもしれない。

おそらく自己紹介というと、冒頭にやるイメージが強いからだろう。

しかし、冒頭はまだ受講者があなたに対しての興味が薄いので、自己紹介をしても、意外と聞いてくれないものだ。聞いていたとしても、受講者の頭には残らない。

だから、冒頭では受講者にとって強くベネフィットを感じる情報を提供する必要がある。①〜③でたっぷりと時間をとって、受講者の仕事や人生に大きく影響を与える話をすることで惹きつけることが大事である。

じっくりと惹きつけたうえで、自己紹介をすることで、あなたは専門家としての印象を与え、より強く記憶に残させることができる。

なので、私のやり方としては、このタイミングでの自己紹介をおすすめする。

ここで話す自己紹介は、「なぜ、あなたがこのテーマを解説できるのか?」をアピールするためのものである。したがって、出身地がどことか、生年月日とか、細かい経歴など不要である。

あくまでも、「このテーマが語れる専門家である」ことが伝わればいい。時間もそれほど割く必要はない。以下で十分である。

「あなたの名前」

「あなたの専門分野」
「あなたの専門性を裏付けるもの」
・これまで行ってきた講演、コンサル、研修の具体的テーマ
・書籍、ブログ、YouTubeチャンネルなどのタイトル

「今回のテーマに関係しそうな経験、実績」
・研究してきた年数、教えてきた累計人数
・自分自身の成功事例
・受講者・クライアントの成功事例

最初のうちはこの成功事例の数は少ないだろう。その場合は、自分自身の成功体験や、このテーマについてどれほどリサーチしてきたのかを中心に自己紹介をすると良い。

⑤ 目標に到達するためのステップ解説

理想の未来を共有し、専門家としての自分を紹介したら、いよいよ具体的なステップの解説になる。

ここでは、目標に到達するためには、何が必要なのか、具体的にどういったステップを踏めばいいのかを解説する。

ステップは細かくなくていい。3〜5つくらいが望ましい。

「1カ月で50万円売り上げるYouTube×Zoomを構築するカリスマオンライン講師養成講座」であれば、3つのステップだ。

「では、1カ月で50万円売り上げるオンライン講座を構築するには具体的に何をすればいいのか。3つのステップで説明します。

1つめは売れるオンライン講座の構築です。受講者ターゲットは誰で、どういうコンセプトの講座であれば売れるのかを明確にします。

2つめはオンライン集客です。受講者ターゲットが決まったら、そのターゲットが集まりやすい YouTube チャンネルをつくります。

このとき、受講者ターゲットと異なる視聴者が集まっても、オンライン講座が売れなくなるので、受講者ターゲットに刺さるチャンネルにする必要があります。その結果、受講者ターゲットが視聴してくれるようになり、より詳しい教材を欲しい人はそのままLINEに登録してくれます。

3つめはLINE登録者に対して Zoom で説明会をしたり、教材を提供します。このとき、シナリオがしっかりしていれば、講座に申し込んでくれます。

また、ポイントは売れるシナリオだけではありません。受講者を惹きつける Zoom での教授法も重要です。この教授法があるかないかで受講者の盛り上がりや距離感が変わり、講座購入するかどうかを大きく左右します。同時に、講座購入後、Zoomセミナーを開催したときの受講者の満足度が劇的に上がります。

以上をまとめると、

1. 受講者ターゲットを決め、売れるコンセプトを決める
2. そのターゲットにマッチしたYouTubeチャンネルをつくり、集客をする
3. 集客（リスト登録）した見込み客に売れるシナリオに基づいた無料教材または無料説明会を開催し販売する。このときのポイントは売れるシナリオと惹きつける教授法です」

というように、モデル目標を達成するための鍵となるステップを解説する。

⑥ 各ステップの中で重要なポイントと今すぐできること

目標達成までのざっくりとしたステップを解説したら、次はそのステップの中で重要なポイントを解説する。

カリスマオンライン講師養成講座の場合であれば、以下のようにする。


「ここでは要となるYouTube集客法とZoomでのプレゼンにフォーカスして解説します。

まず、数多くのオンライン集客媒体の中でなぜYouTubeかというと、YouTubeが一番先生業と相性が良いからです。どんなノウハウか、どんなキャラクターか、どんな教え方か、どんなアドバイスをしてくれるのか。YouTubeであれば一目瞭然です。だから、もっとも早くかつ簡単にファンになってくれて、安心して有料講座やコンサルに申し込んでくれるのです。

では、そのときに何が重要なのか？

1．受講者ターゲットが抱えている悩みを解決する動画を量産すること

2．再生回数はタイトルとサムネイルと視聴維持率が命
3．YouTubeからメルマガかＬＩＮＥに誘導する道をつくっておくこと

この3つがポイントです。どれか1つでも欠けると集客はうまくいかなくなります。

逆にこれがうまくいくと、3カ月でＬＩＮＥリスト６００人や、毎月70人以上の有料講座の申し込みを得ることができるのです」

各ステップを全て細かく触れる必要はない。あくまでもキーとなる部分に絞って、より細かい解説をする。

解説は必ず、ここのポイントを押さえておかないと**結果に大きく影響するところに絞ること**。

また、実際にどのくらい結果に差が出るのか、数字で示すこと。

今の例であれば、

「どれか1つでも欠けると集客はうまくいかなくなります。逆にこれがうまくいくと、3カ月でLINEリスト600人とか毎月70人以上の有料講座の申し込みを得ることができるのです」

ということである。

このような伝え方をしているか、していないかで申し込み率はグッと変わるのである。

さらにこのステップで、もう少し解説をしたいと思うのであれば、受講者が今すぐにでもできそうな小技を紹介すると良い。

たとえば、今の YouTube の例で言うと、

「YouTube 集客で大事なポイント2のタイトルとサムネイルですが、コツは短い言

葉でキャッチコピーにすることです。たとえば、このようなキャッチコピーです」

と言って見本を見せたり、

「視聴維持率を上げるためには、最後まで惹きつけられるプレゼン力が必要です。

簡単なプレゼンテクニックとしては・・・」

といってテクニックを教える。

このすぐに使えるノウハウを付け加えることで、「自分でもできそう」「使えそう」と受講者が思ってくれるようになり、「この先生の講座なら、自分でもできる」「やってみたい」とモチベーションが上がるのだ。

⑦ 有料講座の予告

事前教育動画の最後ではいよいよ有料講座の予告をする。

①〜⑥の解説で、受講者はモデル目標の全てがわかったわけではない。

・なぜ、この講座が重要なのか。
・どこ（目標）に向かえばいいのか。
・そのために、何をすればいいのか。
・ポイントは何か。

ここまでがわかっただけである。

「この理想となる目標を達成するためにどうすればいいのか。もっと詳しく知りたい。もっと先生からのサポートを受けたい」

興味のある受講者は、このような気持ちになっている。そこで有料講座の案内（予告）をするのである。

引き続き、カリスマオンライン講師養成講座を例に見てみよう。

「さて、これまで1カ月でYouTubeとZoomを使って50万円売り上げるオンライン講座をつくる方法について解説してきました。

今回、実際に1カ月かけて一緒にオンライン講座をつくっていくプログラムをご用意いたしました。それが、【1カ月で50万円売り上げるYouTube×Zoomを構築するカリスマオンライン講師養成講座マスタープログラム】です。

このプログラムでは、本日解説した3つのステップ、

1. 売れる講座コンセプトと受講者ターゲットの設定
2. YouTube集客法
3. 売れる講座販売シナリオとZoom教授法

の徹底解説と、毎回Zoomセミナーと質問コミュニティーで添削、質問に対する回答が受け放題です。

・より自分にマッチしたターゲットは誰なのか？
・自分のコンテンツのより売れるコンセプトは何なのか？
・自分の受講者ターゲットにマッチしたYouTubeのキャッチタイトルは何か？
・YouTubeからメルマガやＬＩＮＥに誘導を促すプレゼントは何にしたらいいのか？
・Zoom説明会で申し込み率を上げるプレゼンテクニックとは？
・受講者が盛り上がるZoomの講義テクニックとは？

これら全てをじっくりと教材で解説するのと同時に、Zoomセミナーで添削をしたり、ご質問に回答して、一緒に形にしていきます。このプログラムに参加したい方は、次回の動画でご案内するので楽しみにお待ちください」

となる。

私の場合、最近Zoom説明会はやらずにセールス動画をつくって自動で売ってしまっているので、最後はこのような終わり方になる。

別パターンとして、Zoom説明会をやる場合は、最後のメッセージだけ、このように変更となる。

「このプログラムに参加したい方は、Zoom説明会を開催するので、まずはこちらにご参加ください」

以上のようにして、Zoom説明会や次回のセールス動画へとつなげるのである。
これが、有料講座の案内（予告）という意味である。

いかがだろうか？
見本を見ていただくとわかるように、事前教育動画と有料講座は同じテーマの話をしているのに、内容がかぶらない。むしろ有料講座に参加したくなるようになっている。

このシナリオに沿って事前教育動画をつくると、非常に内容が濃く、受講者の満足度も高く、それでいながら有料講座も売れるようになる。ぜひ試してほしい。

売れる事前教育動画

タイトル

↓

構　成

① モデルとなる目標の提示

② 目標達成後の未来の共有

③ 選択しなかった場合のマイナスの未来の共有

④ 専門家としての自己紹介

⑤ 目標に到達するためのステップ解説

⑥ 各ステップの中で重要なポイントと今すぐできること

⑦ 有料講座の予告

セールス動画かZoom説明会での販売

事前教育動画ができれば、講座の自動販売まであと一歩。いよいよ最後のステップを解説しよう。

事前教育動画の後は、セールスである。セールスには2つの方法がある。セールス動画で自動配信するか、Zoom説明会を開催するか、いずれかで販売できるので、あなたの好きなほうを選べば良い。

セールス動画とは、有料講座の詳細を解説した動画のことだ。この動画があれば、**Zoom説明会をわざわざ開催しなくても講座は売れる**。

セールス動画を選択するメリットは、完全自動化が可能なことである。Zoom説明会の場合、開催するたびに自分の時間と体力がとられる。

一方で、Zoom説明会を開催する場合は、セールス動画は不要となる。Zoom説明会のメリットはセールス動画よりも売れる可能性がある、ということだ。

受講者の中には講座を申し込むか迷っている人も多数いる。講座が高額であればあるほど、受講者は申し込むか大いに迷う。

「自分でもついていけるだろうか」「自分がイメージしている内容を教えてくれるのだろうか」

そのときにZoom説明会であれば、うまく受講者とコミュニケーションをとりながら、有料講座申し込みの壁となっているものを取り除くことができる。

その場で体験コンサルもできるので、「この先生なら安心」と申し込みを決める場合もある。

また、受講者の反応も見られるため、有料講座を申し込むか、どこで迷っているかもわかりやすい。

あとは、あなた次第。

自由な時間を増やしたいのかどうか。手間がかかってもコミュニケーションや教えることが好きなのかどうか。質疑応答やセールスが得意かどうか。

これらを判断材料として、好きなほうを選べば良い。

勝手に売れるセールス動画作成のポイント

それでは、説明会ではなく、セールス動画で販売すると決めたあなたに、セールス動画のつくり方を解説しよう。

セールス動画の場合は、事前教育動画を学んでもらった後日に配信する。

あらかじめ以下のものを、この順番で動画におさめておく。

①講座のタイトル

あいさつと同時に、まずは、講座のタイトルを案内する。

（例）

「こんにちは！　渋谷文武です。今日は1カ月で50万円売り上げるYouTube×Zoomを構築するカリスマオンライン講師養成講座マスタープログラムのご案内をいたします」

②事前教育動画のおさらいとモデル目標

事前教育動画の簡単なおさらいと、この講座で目指すモデル目標を改めて共有する。なお、事前教育動画は、受講者の知らない言葉なので、受講者には使わず、「無料教材」と言う。

（例）

「このプログラムでは、1カ月集中して講座のオンライン化を行います。そして、まずは講座売り上げ50万円を目指します。無料教材で解説したとおり、50万円売り上げるオンライン講座をつくるには、3つのステップが必要です。

1. 講座コンセプト

2. YouTube による集客

3．売れるシナリオとZoomによる盛り上がる講座です。
このプログラムではこの3つを学んで、一緒につくっていきます。結果、オンライン講座で50万円売り上げられることを目指します。

これが実現できると、このような未来が待っています」

（事前教育動画の①と②の該当箇所を繰り返す）

③具体的に学べるノウハウ

ここは申し込みにかなり影響する箇所である。

具体的に学べるノウハウとは、シンプルに言えば、本に例えると目次に当たる部分。この講座で具体的にどんなノウハウが学べるのか。キャッチーかつ具体的なほうが申し込みにつながりやすい。

(例)

「具体的に講座では、以下のものを学びます。

・オンライン講座で毎月100万円売り上げるビジネスモデル解説

・1時間でLINE700リスト集めたプレゼン術

・YouTubeからLINEリストをコンスタントに集める3つの方法

・Zoomでの研修が「楽しくてあっという間!」に変わる7つのポイント

(以下続く)」

数字を入れたり、学べることを具体的にして、「そのノウハウを詳しく知りたい!」と思ってもらうことが大事である。

④具体的に得られるサービス

学べるノウハウの次は、この講座で具体的に得られるサービスを説明しよう。

サービスとは、動画教材なのか、音声教材なのか、Zoomセミナーなのか、コンサルティングなのか。セミナーやコンサルティングであれば、どのくらいの頻度なのか、開催日時はいつなのか。

どのような形で受講者をサポートするのかを伝える。

（例）

「この講座は、50本の動画教材と、毎月3回のZoomセミナーと、いつでも質問できる会員限定コミュニティーページがついています。Zoomセミナーでは、教材を学んでわからなかったことに対して、質問をし、添削を受けられます。また常に最新のノウハウも提供しています。Zoomセミナーの開催日時は○月○日○時〜です」

⑤受講者の声

過去にこの講座の受講者がいるのであれば、受講者の声を集めておき、ここで伝える。

ポイントは受講者からの喜びの声であること。具体的には以下の2つである。

・この講座で人生が変わったという事実（数字で表現できるものはさらに良い）

・この講座の特徴（わかりやすい、サポートがしっかりしているなど）

できるだけ具体的なコメントをもらえると良い。

また、できるなら匿名ではないほうが良い。職業（講座内容によっては学校名、男女、年齢になることも）、名前、顔写真・・・があるとなお良い。

⑥この講座によって想定できる経済的価値

ここまで解説すれば、講座の内容はほぼ伝わったはずだ。他に受講者が気になるところといえば、受講料である。

その受講料の案内に行く前に、いったん立ち止まる。そして、この講座を学んだ後、どんな未来が待っているのか。それに経済的価値を付けたらいくらになるのかを解説する。

このステップを加えることが重要である。

(例)

「オンライン化することで1日あたりの働く時間が3時間はカットできます。月20日働いたとして60時間、年間720時間の自由な時間が手に入ることになります。あなたの時給が1500円だとしたら108万円以上の利益になります。時給がもっと高額であれば、さらにその金額は膨れ上がります。

さらに今回のオンライン化で毎月50万円、年間6000万円の副収入が入ってきたら、合わせて700万円以上の価値になります。

さぁ、そんな未来を手にするこの講座、受講料は?」

というように、「これまでの悩みが解決できたら、いくらくらいの金銭価値がある」「これだけの自由な時間がつくれることに、これだけの金銭価値がある」「これだけの売り上げアップになるとしたら、これだけの金銭価値がある」と、この講座を受講する経済的価値を共有することが大事である。

この経済的価値が高ければ高いほど、講座の受講料が高くても売れる。経済価値が5000円だったら、受講料5000円でも高いと思われる。でも、経済価値が100万円以上だったら、受講料5万円がお買い得となる。

このように我々にとって、価格は相対的なものである。

講座の受講料が高いと思われるか、安いと思われるかは、何と比較するかによるのだ。

類似の講座の相場価格に合わせる必要はない。

合わせるべきは、この講座受講後の受講者の変化によってもたらされる経済的価値だ。それと比べてお買い得と思ってもらえればいい。

⑦価格

経済的価値の提示を比較してもらったうえで、ようやく受講料の発表だ。

このとき、あらためて、「具体的に学べる内容」「サービス内容」を簡単に復唱する。そのうえで価格の発表をすると効果的だ。

なぜなら、ここまでの解説を聞いていくうちに、前述の「③具体的に学べるノウハウ」と「④具体的に得られるサービス」の記憶が少し薄れるからだ。

（例）

「これだけの（経済的な）価値があります。さぁ、そんな未来を手にするこの講座、受講料は？

（「③具体的に学べるノウハウ」をスピーディーに復唱）

こんなノウハウも、こんなノウハウも、こんなノウハウも全部学べて、

（「④具体的に得られるサービス」）

教材、Zoomセミナー、いつでも質問ができる会員限定ページが全て付いて、この受講料です！

（2秒ほど間をおいて金額発表）」

⑧特典

受講料を発表して終わりではない。最後に、受講者が今すぐ講座を申し込む理由が必要だ。

即行動できる人は、ここまでの流れで申し込むが、すぐに行動できない人や背中を押してもらいたい人は、「ちょっと考えよう」と何日も後回しにして、結果申し込まないまま終わってしまう。

そうならないために、ダメ押しで魅力的な特典をつける。

（例）

「先着特典として、24時間以内に申し込まれた方には、1カ月メールコンサル無制限のサポートがつきます！」

「72時間以内にお申し込みの方は受講料、さらに○％OFFになります！」

ここでのポイントは2つ。

1．受講者にとって非常に魅力的な特典であること

2．「先着特典」として、24～72時間までの期限でつけること

期限をつけると、人は受付と同時に申し込む人と、締め切りギリギリに申し込む人に分かれる。いずれにせよ、期限内の申し込みが一気に増える。

以上がセールス動画である。

これであとは申し込み受付をすれば、講座は勝手に売れていく。

なお、「申し込みの際にLP（ランディングページ）は必要ですか?」というご質問をいただくが、あってもなくても良い。

もちろんないよりはあったほうがより売れるが、LPをつくるのが大変だという方は、セールス動画のみでも問題ない。

セールス動画がしっかりとしていれば、十分売れる。

セールス動画作成のポイント

① 講座のタイトル

② 事前教育動画のおさらいとモデル目標

③ 具体的に学べるノウハウ

④ 具体的に得られるサービス

⑤ 受講者の声

⑥ この講座によって想定できる経済的価値

⑦ 価格

⑧ 特典

圧倒的に売れるZoom説明会のポイント

セールス動画ではなく、Zoom説明会を開催する場合はどうすればいいか？

大枠の流れは、事前教育動画とセールス動画と同じである。まず、メルマガやＬＩＮＥ登録者に事前教育動画を送る。そして、事前教育動画の最後で、Zoom説明会の案内をし、後日Zoom説明会を開催。

Zoom説明会を開催する際は、第3章の「盛り上がるZoom講座の方法」を参照してほしい。


まずは参加者にあいさつコメントをしてもらう。そして、説明会参加の目的、今後の目標、悩みを聞いておく。必要であれば、職業なども聞いておくと良い。

この辺は参加者が6人以下であれば、参加者のマイクのミュートを外してもらい会話でヒヤリングすると良い。それ以上の人数だと一人一人とコミュニケーションをとると時間が足りなくなるので、基本はチャットで書き込んでもらう。

この冒頭のやり取りが説明会では重要である。参加者の悩みや興味がどこにあるのかがわかれば、そこにフォーカスして、たとえ話を入れたり、解説をしていけばいい。

説明会は2部構成で、1部はレクチャーパートにし、2部をセールスパートにする。

レクチャーパートでは、参加者とのコミュニケーションから始まる（あいさつ、ヒヤリングのやりとり）。

そこから先は基本、事前教育動画のシナリオと同じだ。事前教育動画のシナリオ①〜⑥をコンパクトに解説する。

すでに事前教育動画を見てから説明会に参加してもらっていることが多いが、なかには事前教育動画を見ていない人もいたり、中身をあまり覚えていない人もいる。だから、再度ここで強く記憶させるのだ。

あの事前教育動画は徹底的に計算されている。受講していると、有料講座を申し込みたくなるようにできている。だから、繰り返し解説しても問題ない。

ただし、説明会冒頭で、参加者の悩み、何に興味があるかを聞いているので、臨機応変に対応する。事前教育動画の中で、当日の参加者の興味のあるところを多めに解説し、まったく該当しない箇所はさらっと終わらせる。

あとは、定期的に参加者に質問を投げかけたり、ワークをさせるのもいい。

Zoom説明会で改めて事前教育動画シナリオ①と②の「モデル目標」と「その目標の先の未来」を解説した直後に、

「みなさんは、どんな目標を設定しますか？　どんな未来を手に入れたいですか？　少し考える時間を与えますので、考えてチャットに書き込んでください」というように。とにかく、説明会の1部は、参加者との交流（あいさつ、ヒヤリング）、事前教育動画のシナリオ①～⑥を参加者の興味に合わせて臨機応変に変えながら、途中ワークをはさみ進める（参加人数が1～3人くらいの場合は、参加者に直接話しかけて進める）。

これでうまくいく。

そして、2部のセールスパートに入る。セールスパートは、セールス動画のシナリオを使う。

基本はセールス動画どおりにプレゼンをする。そのうえで、セールス動画と違う点は、

1．受講者の声の中で参加者と似た境遇の人がいたら、その受講者の成功例を重点的に話す
2．価格、特典の発表をした直後に、質問時間を設ける
3．その場で申し込めるようにする
4．説明会終了後、Zoomを閉じる前に参加者に、感想を聞き、講座をやるかどうかを確認する

といったことが加わることだ。

説明会の場合はとにかく、参加者とのコミュニケーションが大事である。何度

も参加者と会話をしながら、ヒヤリング、参加者に合った対応をしながら、信頼関係を構築していこう。

以上のことを押さえておけば、あなたのオンライン講座はどんどん売れるようになる。

おわりに

「教育をエンターテイメントする」

私はこの理念をもとに起業してから全力で生きてきた。しかし、本書でもお伝えしてきたように、私は忙しくなりすぎて、何度も潰れかかった。

最大の問題点は、仕事を抱えすぎて、人生に余裕がなくなったことだった。

「教育をエンターテイメントする」

と言いながらも、私は自分の人生すらエンターテイメントできていなかった・・・。

そのため、私は長年苦悩していた。

皮肉なことに、その解決の糸口となったのが　コロナショックだった。

半ば強制的にオンライン化せざるを得なくなった結果・・・、私の仕事は究極的に効率化し、結果、私は人生に余裕を！　自由を！　喜びを！　取り戻した。

世の中には私と同じように忙しくて苦労している人がたくさんいる。

集客や販売で苦労している先生、仕事がなくなるのが怖くて許容量以上に仕事を引き受けてヒィヒィしている人、失業して新しい生き方、働きを見出さなければならない人。

そんな人たちに、本書のやり方を実践してもらい、喜びと豊かさを共有できれば、著者としてこんなに幸せなことはない。

愛と喜びと豊かさの分かち合いでいっぱいの世界。
オンライン講座化はそれが実現できると私は信じている。
最後に、あなたにこのメッセージを贈り、ペンを置きたい。

あなたが豊かになると、世界はもっと輝く。

2021年4月　渋谷文武

著者

渋谷 文武（しぶや ふみたけ）

セミナー講師・コンサルタント

講師デビュー後、学生向けセミナーで毎回300席を満席にし「カリスマ講師」と呼ばれるようになる。そのノウハウをまとめカリスマ講師養成クラブを主宰。セミナー講師、研修講師、大学講師、士業、コンサルタント、コーチ、経営者、ビジネス書著者など累計受講者数は2万人以上。自分ブランドフェスタをはじめとした1,000人規模のイベントも定期的に開催。新聞社、大手団体のセミナープロデュースやセミナー・研修会社、専門学校の講師育成の研修も行っている。

コロナショック後にいち早く先生業向けの、オンライン自動集客、自動販売、講座開発、ZOOM教授法をリリース。常に最新の手法を研究し、成果のあった方法を提供。次々とオンライン講座化に成功させている。

著書「カリスマ講師 THE バイブル」（サンクチュアリ出版）、「いまの職場、ラスト3か月」（きずな出版）、「マインドマップ内定術」（日本経済新聞出版）。

・カリスマオンライン講師養成講座　https://www.koushi-pro.jp/

読者特典

教材プレゼント！

本書で解説しているノウハウを
動画教材でさらに詳しく！

YouTube集客法

売れるオンライン講座のつくり方

オンライン講師で活躍する方法

他、最新ノウハウ満載

こちらのQRコードより
LINE登録で受け取れます

オンライン講座の教科書

2021年5月7日　第1刷発行
2021年10月20日　第3刷発行

著　者　渋谷文武

発行者　杉浦秀光

発　行　信長出版
〒160-0022
東京都新宿区新宿7丁目26-7 ビクセル新宿1階
info@office-nobunaga.com

発　売　サンクチュアリ出版
〒113-0023
東京都文京区向丘2-14-9
TEL 03-5834-2507

装　丁　小口翔平＋加瀬梓（tobufune）

印刷・製本　株式会社光邦

ISBN 978-4-86113-763-1　Printed in Japan